Der Mann, der gewinnt

Robert Herrick

Writat

Diese Ausgabe erschien im Jahr 2024

ISBN: 9789359947945

Herausgegeben von
Writat
E-Mail: info@writat.com

Inhalt

ICH

Das Four Corners in Middleton war eine angenehme Fahrt von der Universitätsstadt Camberton entfernt . Schon oft in der Geschichte des Hauses war eine Gruppe junger Leute über den alten Schlagbaum gefahren, der dort begann, wo früher das Arsenal im heiligen Viertel von Camberton stand , und als die Abendsonne die niedrigen Süßwassersümpfe jenseits von Spring vergoldete Pond würde weiter in Richtung der sanften Hügel von Middleton traben. Nach dem Abendessen oder einem Tanz oder vielleicht auch nur einem Plausch bei einem späten Abendessen ritten sie um Mitternacht davon, singend, während sie ihre schläfrigen Nörgler aufpeitschten und sonst den nächtlichen Anstand in Middleton störten. Oder vielleicht zogen sie sich an einem frostigen Oktobermorgen, nachdem sie Pfeifen angezündet und mit dem Stallburschen gesprochen hatten, früh auf die Flucht, kuschelten sich in Mäntel und wirbelten über die harten Straßen davon, wo der Nachtfrost noch auf dem verkrusteten Staub in den Senken lag wie eine Milchkruste. Als sie die Wiesen überquerten , schien ihnen die Herbstsonne ins Gesicht, ein angenehmer Trost auf einer morgendlichen Fahrt, und spornte sie an, in Richtung Camberton voranzuschreiten , damit sie in der kleinen Stuckkapelle Bericht erstatten konnten, während die blecherne College-Glocke immer noch rau zum Gebet rief.

Die Ellwells hatten das alte Four Corners in Middleton behalten, lange nachdem die Familie in die weite Welt von Boston gezogen war und von der Landwirtschaft und dem Ministerium in die Sphären des Handels und des Geldbesitzes vorgedrungen war. Zur Zeit des alten Roper Ellwell war das Four Corners das Pfarrhaus von Middleton gewesen, und dort hatte zuerst Rev. Roper Ellwell die ruhigen Gewässer des Gemeindehausglaubens aufgewühlt, bis sich so etwas wie eine primitive Erweckung in benachbarten Gemeinden ausgebreitet hatte. Seine Frau, eine gebildete Frau, hatte ein halbes Dutzend junger Männer betreut, die ihr Griechisch und Latein für Camberton vorbereiteten . Das waren die gemütlichen und freundlichen Tage der Four Corners.

Dann wurde Roper Ellwell von der Zweiten Kirche in Boston als ihr Pastor berufen. Dies war der Beginn der Familie Ellwell in der guten Gesellschaft Neuenglands. Die Beredsamkeit des Pfarrers spiegelte sich in Büchern wider, die heute in den Regalen der Harvard-Bibliothek zu finden sind, und auf dem Exlibris der Universität ist die Schenkung des Autors vermerkt. ebenfalls in schwarzen Leineneinbänden, bewundernswert bedruckt, zur Versteigerung aus einer Privatbibliothek, die von einem Gemeindemitglied des bekannten Pfarrers gegründet wurde. Als er im Dienst alt wurde, fügte die nun reiche und modische Gemeinde seinen Diensten die Kraft eines jüngeren Mannes hinzu. Dennoch hielt Roper Ellwell an schönen Sonntagen immer noch eine seiner früheren Reden von der hohen Kanzel seiner Kirche. Als diese Tage seltener wurden, teilte der alte Pastor seine Zeit zwischen dem Haus seines Sohnes in der Beacon Street und den Four Corners auf.

Mark Ellwell war, wie er sein sollte, der Sohn seines Vaters mit dem Sauerteig einer neueren Welt, die ihn in die Wirtschaft statt in den Dienst führte. Aber ein gutes Produkt aus Camberton und ein Mann, der in Boston bekannt und beliebt war, wo er Kaufmann war, als dieser Begriff weder Ladengeschäft noch Glücksspiel umfasste. Mit Wolle machte er ein beachtliches Vermögen; baute ein Haus gleich hinter der Charles Street in der Beacon Street; war Mitglied in zwei guten Clubs und Diakon in der Kirche seines Vaters.

Heutzutage wurde das Four Corners hauptsächlich in den Herbstmonaten und als Spielhaus für den schwachen Pfarrer genutzt. Mark Ellwell baute in Nahant ein Sommerhaus.

Es gab einen Sohn, der aufwuchs – John. Dieser Ellwell wurde zu gegebener Zeit nach Camberton geschickt , wo er mit der Familientradition brach und ein ausschweifendes Leben führte. Trotz seiner Trunkenheit und seines Müßiggangs wurde er aus Respekt vor seiner Familie zwei Jahre lang an der Universität festgehalten. Als der Krieg ausbrach – John war damals in seinem dritten Jahr in Camberton – fand das wilde Blut an der Universität sein Feld. Der junge Ellwell scheute seine Chance; Während seine Kameraden sich auf dem College einschrieben und das College verließen, schlich er sich in kleinen Sprüngen davon und behauptete, sein Gesundheitszustand sei schwach. Mark Ellwell hätte seinen Sohn beschämt und gedemütigt mit der Pferdepeitsche in die Reihen gebracht, aber die Mutter verteidigte den Schwächling.

Eines Tages gab der junge Ellwell seine Heirat mit einem Mädchen aus Salem bekannt, das er eine Woche zuvor kennengelernt hatte. Sein Vater gab ihm ein Haus; Als er sich entschied, Makler zu werden, gründete ihn sein Vater mit eigenem Kredit. Ein paar Jahre später, als der Krieg vorbei war und John Ellwell mit einer Familie und drei kleinen Kindern auf der allgemeinen Erfolgswelle Erfolg hatte, schien alles in Ordnung zu sein. Jetzt wurde das Four Corners nur noch selten besucht. Die Veranden waren kaputt; Gras und winterharte Rosen wuchsen in die Ritzen, wo die Schindeln begonnen hatten. Die Ellwells , Vater und Sohn, waren modische Leute; die Familie hatte sich entwickelt.

Anfang der siebziger Jahre gab es Gerüchte über die Schande des jungen Ellwell im Tremont Club. Er wurde beim Betrügen beim Spielen ertappt und verließ den Verein, dessen Vizepräsident Mark Ellwell war. John Ellwell war ein großer, üppiger Mann mit den feinen Gesichtszügen eines guten New-England-Pfarrers, einer leicht römischen Nase und einer Tendenz zur Gicht in seinem Gang. Er war ein erfolgreicher Makler von der Art, der auf Nerven arbeitete, der nach drei Uhr nachmittags nie wieder nüchtern war, und nachdem er um zehn angefangen hatte zu trinken, war nach zwölf unsicher. Er kannte eine Seite des Geschäftslebens, die sein Vater nie gesehen hatte; er verkehrte mit Männern, die der steife Mark nicht erkannt hätte. Doch sein Ruf als kluger Mann trug ihn trotz der Clubaffäre weiter, bis ...

Eines Tages, nach einem Amoklauf, ging er wild und aufgeregt auf die Tafel. Er konnte sich nie daran erinnern, was er getan hatte, aber als die Abrechnung für die Transaktionen dieses Tages erfolgte, war er ruiniert. Der Vorstand gab ihm eine Woche Zeit, um die nötigen Mittel aufzubringen und seine Schulden zu begleichen. Sein Vater regelte die Angelegenheit, eröffnete das Four Corners für seine Familie, verkaufte sein eigenes Haus in der Beacon Street und segelte mit seinen beiden Töchtern, die nie geheiratet hatten, nach Europa. Das war das Ende der Ellwells im alten Boston. Mark Ellwell kam nie zurück.

„Der alte Mann ist fertig mit mir." Das war Johns Kommentar zu seiner Frau gewesen. Und vielleicht wäre Mark Ellwell mit ihm fertig; Es blieb nicht mehr viel übrig, um noch einmal aufzuräumen. Da waren die Four Corners und sein Sitz im Vorstand und dann – Betteln. So ließen sich die Ellwells in der dritten Generation erneut in Middleton im Four Corners nieder.

II

Gute Menschen, Menschen mit schön gewonnenem und sorgfältig vermitteltem Vermögen, wohlbekannte Menschen, kurz gesagt, die Mitglieder der Gesellschaft, die das Leben zu einer wichtigen Angelegenheit machen, die ehrenhaft und in gebührender Ehrfurcht vor ihrem eigenen Ruf und der Meinung ihrer Nachbarn geführt werden muss, hatten nichts weiter mit der Familie zu tun. Sie wurden aus dem blauen Buch von Boston gestrichen und wagten sich nie über die schattigen Spaziergänge des Common auf der Seite der Beacon Street hinaus. In der anderen Welt, an der Börse, in den Bars und Restaurants der Hotels in der Innenstadt, führte John Ellwell immer noch ein angenehmes Leben. Der Vorstand mochte ihn. Seine Geschäfte nahmen nie wieder große Ausmaße an, aber in kleinen Dingen machte er ein reges Geschäft und ging seinen alten, korrupten, unsicheren Weg.

Das alte Haus in Middleton wurde in Stücke gerissen und für eine Herrenfamilie hergerichtet, mit einem gemütlichen Esszimmer und breiten Fenstern, edlem Mahagoni aus dem Haus in der Beacon Street und einem opulenten Keller. Um das Haus herum wurden wieder breite Veranden angelegt, die an den dunstigen, heißen Sommertagen herrliche, mit Weinreben bewachsene Ecken zum Reden und Nähen boten. Der Rasen war schön rasiert und bewässert; Die Auffahrt, die durch den Obstgarten zur Kreuzung führte, die dem Ort seinen Namen gab, war mit Unkraut und Kies bedeckt . Dahinter wurde ein neuer Stall errichtet und mit drei Pferden, einigen hübschen kleinen Karren und einer Kutsche für regnerische Tage ausgestattet. Das Exil wurde erträglich gemacht – den Kindern zuliebe.

Mrs. John Ellwell zählte wenig. Sie hatte den hübschen, wohlhabenden jungen Mann romantisch geheiratet; Die Realität hatte sie erschüttert. Sie war in eine willenlose Invalide versunken und hatte die Bewunderung für ihren Mann zu Stolz und Religion gemacht. Sie hatte akzeptiert; Sie hat nie protestiert. Der älteste Sohn war kurz vor dem endgültigen Schlag und der Verbannung nach langem Drängen nach Camberton gebracht worden . In der Halle des Kollegiums hing ein Porträt seines Urgroßvaters in seiner schwarzen Predigerrobe; Davon war zweitens Roper Ellwell eine schwache Travestie. Die dünnen Gesichtszüge waren während der Übertragung verwischt worden; Eine Neigung zur schlaffen Statur machte den jungen Mann beleibt, wohingegen der alte Pfarrer nervös gebrechlich gewesen war. Aber Roper Ellwell , zweiter, verglich seine Notizen selten, denn er speiste nicht im Saal unter diesem Bild, sondern in einem Privatclub mit eigenem Set.

Diese jungen Kerle fuhren hin und wieder zu den Four Corners, einem angenehmen Ort, an dem ein Mann einen Abend oder einen Sonntag verbringen konnte, wenn das Wetter schön und die Felder grün waren. Die Abendessen waren lang und reichhaltig; die Weine gut; Und obwohl der alte Ellwell ein einigermaßen skandalöser Gastgeber war, der nur den raueren Jungs gefiel, gab es noch andere Familienmitglieder – die beiden Töchter Leonora und Ruby.

Das Aussehen dieser beiden Mädchen in dieser bodenständigen Familie war ungewöhnlich. Leonora, die ältere Schwester, war wie eine Seerose in einem Pfütze aus Schlamm und Schleim, die sanft auf dem stehenden Wasser schwamm, ohne an einem einzigen Berührungspunkt einen sichtbaren Fleck zu hinterlassen. Sie hatte die Ellwell- Gesichtszüge, regelmäßig, kantig, markant; mit der hohen Stirn und den fein zugespitzten Händen ihres Vaters und auch mit der dünnen, ungesunden Haut ihres Vaters. Doch statt der fahlen, gebräunten Gesichtsfarbe des Mannes, der im Laufe seines Lebens geplagt hatte, verglich die rosafarbene Transparenz der Frau sie erneut mit der Seerose der Middleton-Teiche. Ihre Schwester Ruby war auffälliger, ganz im blumigen Stil ihres Bruders. Als sie jung war, war sie zart genug, um diese Art von Schönheit zu tragen; Zehn Jahre könnten zu einer unangenehmen Blütenfülle führen. Beide waren wegen vieler kleiner Krankheiten kleine Invaliden gewesen, bis jetzt die Monotonie der Four Corners zu sanfter Aktivität und Gesundheit führte.

Auch wenn die Mutter in den allgemeinen Belangen des Lebens willenlos war, so hatte sie doch eine Kraft bewiesen, indem sie ihre Töchter nach ihrem eigenen Ideal der Verfeinerung erzogen hatte. Es war die Lebensart der Menschen, brutal zu sein, auf eine merkwürdig grobe Art in der Sprache, im Appetit, im Geschmack; All das war eine unerklärliche Anordnung der Vorsehung. Ebenso ziemte es sich für Frauen , keusch und kultiviert zu sein und auszuharren. Leonora verstand die traurige Lage ihrer Mutter, machte ihren Vater jedoch nie dafür verantwortlich. Die Menschen wurden so geschaffen, mit der Notwendigkeit, böse zu sein; Eines Tages würde sie aufgefordert werden, einen solchen Mann zu heiraten und geduldig und ohne Skandal eine ähnliche Erfahrung mit dem Laster zu ertragen. Die Aufgabe der Frau bestand darin, sich selbst, ihr Zuhause und ihre Räume frisch und makellos zu halten, wie einen kühlen Tempel, der vor der Sommerhitze und dem lauten Alltag verborgen blieb.

Dieses achtzehnjährige Mädchen kannte die Familiengeschichte genauso gut wie ihre Mutter; kannten die schändlichen Episoden und die instabile Vermögenslage, mit der sie rechnen mussten. Ruhig und behutsam schritt sie ihren Weg, vermied „Szenen", vertuschte Brutalität, ignorierte abscheuliche Gespräche oder unangenehme Tischbegleiter; sich mit ihren frischen Kleidern oder Haushaltsangelegenheiten beschäftigen; Jetzt schmückt er einen Raum im alten Four Corners oder gießt den Efeu, der die knorrigen Ranken ersetzt. Mrs. Ellwell hatte ihren Töchtern nie unpassende Bücher vorenthalten – es erschien ihr so hoffnungslos –, und sie las, was ihr Vater las, und akzeptierte das grelle Bild des Lebens, das in den Romanen, die reichlich im Haus verstreut waren, dargestellt wurde, als wahrscheinlich richtig, wenn auch mit Gleichgültigkeit und Müdigkeit . In der kühlen Dämmerung im Four Corners, wenn die kleinen Aufgaben des Tages erledigt waren, bevor die Kutsche mit dem unerklärlichen männlichen Teil des Lebens vom Bahnhof kam, saß sie vielleicht eine halbe Stunde lang nachdenklich da und fragte sich, warum das alles so gemacht worden war ; warum die Leidenschaft im Leben rücksichtslos grassierte; Warum die Welt in ihrem Handeln ächzte und über die Torheiten stöhnte, die in ihrem Lauf so dicht ausgebreitet waren. In den gewagten Träumen, hervorgerufen durch die langen Schatten und die tiefe Stille, könnten andere Formen, seltsame Möglichkeiten in ihrem Kopf aufflackern; aber sie war eine Frau! Und bald war es Zeit, sich für das lange Abendessen umzuziehen.

Es gab Abende, an denen der Wagen leer zurückkam, höchstens ein Telegramm, um die Abwesenheit des Maklers zu erklären; und diese für die vernachlässigte Frau traurigen Nächte waren für die Tochter eine Erleichterung. Der süße, eintönige Tag konnte weitergehen (der Tag auf dem Land, den sie insgeheim liebte, als nur Frauen im Haus waren), sogar bis zur Nacht mit Ruhe, der kreischenden Welt verbannt. Es gab andere Abende, an denen Ellwell allein vorfuhr, mürrisch und biss sich in mürrischem Ekel und Langeweile angesichts eines Misserfolgs, vielleicht auch in Selbstunzufriedenheit und Angst, in seinen eisengrauen Schnurrbart. Leonora empfing ihn auf der Veranda mit einem Kuss und einer sprudelnden, klugen Begrüßung, die ein Lächeln hervorrief. Das Abendessen war dann ein angenehmer Ort für Gespräche, wobei die ältere Tochter die Führung übernahm und sie hielt, bis sie die anderen geweckt hatte. Und es gab andere Abende, an denen der Makler Freunde mitbrachte, jeden, den er zufällig traf, an denen er aufgeregt und laut war und die Tochter Angst vor dem Ende hatte. Wenn das Gespräch zu laut wurde, beschleunigten die Frauen die Gänge und zogen sich dann auf eine Seite der Veranda zurück, um traurig allein zu sitzen. Wenn sich ein ruhigerer Mann oder ein junger Bursche aus Camberton aus dem Speisesaal schlich und sich zu ihnen gesellte, unterhielten sie sich fröhlich und täuschten Leichtigkeit und Natürlichkeit vor.

Trotz all dieser Toleranz hatte Frau Ellwell bei dem Makler und seinen Begleitern den Ruf, „eine gute Frau" und „gute Ehefrau" zu sein. Und Ellwell war der Meinung, dass er sein Anstandsgefühl dadurch eingelöst hatte, dass er heiratete und Kinder bekam, was zu einem Hindernis wird, wenn ein Mann in einer schwierigen Lage ist. Die Bediensteten schwatzten und waren manchmal unverschämt, aber in einem solchen Haushalt gab es viele Beutezüge. Die Leute aus Middleton, die nachts im Geräusch des Lärms vorbeifuhren, wenn das Four Corners grell erleuchtet war, wiederholten die Familiengeschichte und erinnerten sich an den alten Roper Ellwell , der auf einem grünen Hügel in der Nähe seiner ersten Kirche lag. Doch der Makler, der „Dorfmagnat", wie ihn seine Töchter nannten, war in der Gemeinde großzügig und freihändig. Er hatte den Ruf, er sei ein „guter Kerl", aber ein „guter Kerl"; Daher wurde es für Middleton als eine gute Sache angesehen, dass die Ellwells zu den Four Corners zurückgekehrt waren.

Aus dem ruhigen, sparsamen Haushalt von Roper Ellwell , in dem die Frau Jungen „in den klassischen Sprachen" für Camberton ausgebildet hatte , war die Familie in diesen unsicheren Zustand geraten, fiebrig, wie die launischen Schwankungen des Aktienmarktes; jetzt verschwenderisch und locker, wieder in panischer Verzweiflung mit schrecklicher Angst vor unbekannten Tiefen der Armut und Demütigung. Was auch immer geschah — rücksichtslos, mit einer Philosophie, die das Morgen nicht berücksichtigte.

III

Das zweite Set von Roper speiste bei Tony Lamb's in Camberton . Meistens gehörten sie demselben Club an, dem A. Ω., und waren sympathische Seelen – junge, reiche Männer aus den Großstädten, die den Camberton- Abschluss als Brevet im sozialen Beruf erlangten. Im Winter waren sie in den Hotels New York und Boston zu finden; im Sommer in den Bar Harbor Hotels.

Ein paar Männer anderer Prägung waren von einer früheren College-Generation von A. Ω. übrig geblieben, wie etwa Jarvis Thornton, der als Junge nach der Schule damit begonnen hatte, mit seinen alten Schulkameraden bei Tony Lamb's zu speisen, und das auch behalten hatte erhob sich aus der Trägheit und der lockeren Vorliebe für die College-Gemeinschaft, lange nachdem sich sein Weg von dem der jetzigen A. Ω. getrennt hatte. Thornton war mit all den Vorzügen, die eine gut vernetzte Familie in Massachusetts, einfache Umstände und eine ausgeprägte Gelehrsamkeit bieten würden, nach Camberton gekommen. Sein Kurs war ein sanfter Strom des Wohlstands gewesen. Er erlangte zunächst einen hohen Hochschulabschluss, dann einen guten Abschluss in Medizin. Jetzt war er damit beschäftigt, einige biologische Arbeiten voranzutreiben, über die er bereits eine Monographie veröffentlicht hatte und die ihm die Mitgliedschaft in einigen gelehrten Gesellschaften eingebracht hatten.

Eines Tages zu Beginn des langen Urlaubs waren Roper Ellwell und er allein beim Abendessen. Der junge Ellwell war gelangweilt von der Aussicht auf seine eigene Begleitung auf einer einsamen Fahrt aufs Land.

„Ich sage, Thornton", warf er willkürlich, „komm über Nacht zu uns. Der Wagen wird in ein paar Minuten fertig sein."

Thornton, schlaff von den heißen Tagen im Labor, freute sich über jeden angebotenen Vorwand für ein Brot. Also joggten sie in dem sanften Abend von den geschnittenen grünen Hecken und den roten Backsteingebäuden von Camberton zur Landstraße, rauchten und bewahrten friedliches Schweigen. Nachdem über Leichtathletik und Karren gesprochen worden war, gab es nicht viel, womit man eine neue Konversation beginnen konnte. Camberton ist mit seinen endlosen Problemen und seinen ehrgeizigen Anspornen entwischt. Für Jarvis Thornton herrschte eine andere Atmosphäre, als der Karren den Kies der Auffahrt an den Four Corners knirschte. Die Ellwells waren auf der Veranda. „Wer sind die Ellwells ?" fragte sich Thornton, als er einen Stuhl neben dem weißen Kleid der Tochter fand. „Und warum habe ich mich einen Tag und zwei Nächte lang auf eine Familienfeier eingelassen, ohne zu wissen, was mich erwartet?"

Beim Rundgang durch seine eigentliche Besuchsliste entdeckte er eine Ordnung von Dingen, die er noch nie zuvor gesehen hatte – die Welt der Makler. Ellwell hatte die Fähigkeiten eines Gentlemans, und im Vergleich zu den drei oder vier Begleitern, die er an diesem Sonntag bei sich hatte, waren seine Manieren ausgezeichnet. Er war ein Camberton- Mann, wie er Jarvis Thornton verraten hätte, ein Klassenkamerad von Thorntons Vater, und wenn sich ihre Wege getrennt hätten, hätte Ellwell dennoch eine Stellung, die den Thorntons ebenbürtig war. Bei den anderen handelte es sich um Angestellte, denen es auf die eine oder andere Weise gelungen war, ihre Plätze zu bekommen – Männer ohne großes dauerhaftes Interesse an der Gemeinschaft, dem modernen Ersatz für die Klasse der Condottiere. Die Four Corners gaben ihnen einen Ort, an dem sie essen und trinken und eine lange Partie Poker spielen konnten, was ihr Verlangen nach Abwechslung befriedigte. Jarvis Thornton war nur ein junger Idiot, der versehentlich in ihre Richtung gelaufen war; Der junge Roper Ellwell nahm am Sonntagsspiel teil, während Thornton den Tag mit den Frauen verbringen musste. Der Sonntag verlief ruhig mit einer langen Fahrt am Nachmittag. Beim Abendessen saß Thornton neben der älteren Tochter. Es herrschte längere Zeit Schweigen, denn das allgemeine Gespräch und der Tisch interessierten ihn mehr als seinen Begleiter. Die anderen Männer diskutierten über Geschäfte oder Skandale; Der alte Ellwell erzählte Geschichten, die weit gefasst und albern waren, worauf der junge Ellwell mit lautem Gelächter reagierte. Ruby scherzte mit einem alten jungen Mann namens Bradley, einem Makler, der das Spiel des Tages gewonnen hatte. Als sie sich dem Ende des langen Abendessens näherten, entschuldigte sich Mrs. Ellwell . Thornton musterte seinen Begleiter. Die Dämpfe des Ortes schienen unbemerkt um sie herumzuzirkulieren.

„Versteht sie es?" fragte sich Thornton. „Ist diese Abstraktion nur ein Bluff, weil ich ein Fremder bin? Oder ist sie nur gelangweilt?"

Als sie bemerkte, dass Thornton weder aß noch trank, fragte sie ihn stumm mit ihren Augen.

"Sollen wir gehen?"

Er nickte. Sie stand auf und öffnete das lange Fenster – wurde ohnmächtig, als wäre sie es gewohnt, den Pfützen des Lebens aus dem Weg zu gehen. Sie ging voran zum anderen Ende der Veranda, wo nur gelegentlich eine hohe Stimme zu hören war. Als sie sich auf einer Lounge niedergelassen hatte, seufzte sie unverständlich.

„Aber vielleicht wollten Sie nicht kommen? Sie können zurückgehen. Wir laufen immer viel umher, wissen Sie, und niemand wird es bemerken. Sie werden Ihren Kaffee und Ihre Zigarre wollen; und Colonel Sparks erzählt amüsante, böse kleine Geschichten. Das werde ich." bleib aber hier.

„Und ich denke, das werde ich", fügte der junge Mann schlicht hinzu. "Es ist sehr heiss."

Sie öffnete ihre Augenlider, die normalerweise ein wenig herunterhingen, als ob sie schwer wären.

„Es hat dich auch ermüdet, oder? Irgendwie habe ich mich noch nie so müde gefühlt wie heute Abend."

„Ist das immer einfach so?" fragte er unverblümt.

„Warum natürlich; warum nicht? Es gibt verschiedene Leute. Aber das Abendessen ist in unserem Haus immer die Hauptangelegenheit des Tages; Sie sehen, die Männer haben dann frei und ihre Sorgen sind vorbei. Mein Vater ist sehr wählerisch, was das Abendessen angeht, aber es ist manchmal ermüdend.

Das Gespräch wurde unterbrochen. Diese Linie war gefährlich.

" , sagte sie noch einmal neugierig fragend; „Du gehörst nicht zu Ropers Gruppe?"

„Nein, er ist einige Jahre jünger als ich."

„Aber das macht keinen Unterschied. Du hast nie zu Ropers Gruppe gehört. Ist es nicht sehr langweilig, ein Grind zu sein? Roper sagt, du bist ein Idiot und furchtbar schlau."

„Man muss um etwas spielen." Er verzichtete auf das Kompliment.

„Aber wie machst du das? Erzähl mir einfach, was du jeden Tag machst."

Thornton war bereit, sie ernst zu nehmen. Er skizzierte seine eintönigen Arbeiten, die Gewinne seiner Lebensweise. „Und es ist gar nicht so dumm", schloss er lachend, „das Spiel so zu spielen, wenn man einmal damit begonnen hat." Er fügte nachlässig, als ob er zu sich selbst käme, hinzu: „Der Körper wird dir nur wenige Empfindungen bescheren, so sehr wenige und so demütigend unzureichend."

" Also „*Wir* leben für den Körper", sagte das Mädchen scharf und vertiefte sich in seine Bedeutung.

"Wie soll ich wissen?" antwortete Thornton, verärgert über seine dumme Bemerkung.

„ Nein , du hast es so gemeint. Du hast es gemeint, und ich nehme an, dass es so ist. Aber man spürt den Körper so ständig. Neuralgie quält mich und Müdigkeit. An manchen Tagen würde man alles tun, um die Gelüste desselben Körpers zu befriedigen, scheint man zu denken wir sollten uns nicht verwöhnen lassen.

„Wenn du nachgibst, musst du ein anderes Mal mehr tun", fügte er etwas feierlich hinzu.

„Wie musst du uns verachten!" Ihre Augen blitzten plötzlich. „Du lebst ruhig und ruhig weiter für etwas am Ende, vergisst niemals, niemals, das Gleichgewicht zu haben."

„Unsinn, ich bin manchmal blau und das Leben ist zahm."

„Und wir stolpern mit unseren Sinnen umher und bringen unsere Erde durcheinander."

„Hier ist schon die Kutsche!" Es war eine Erleichterung, einen Vorwand zu finden, sich zu trennen.

„Du wirst nicht wiederkommen, glaube ich?" sie fragte einfach. Vor einer Stunde hätte er mit „Ja" geantwortet, was in seinem Herzen „Nie" bedeutete. Nun forderte ihn die ungelöste Frau gegenüber auf zu sagen: „Wenn du mich noch einmal sehen willst, wenn ich darf?"

„Kommen Sie an einem Wochentag vorbei, wenn es so ruhig ist. Wir können uns noch mehr unterhalten, und ich verspreche Ihnen, dass es Ihnen gut tun wird, sich ab und zu unter die Herde zu mischen."

Sie lachte leicht.

„Das Blut ist ausgegangen", sinnierte Thornton, während der Karren durch die sanfte Nacht weiterrollte. „Dieser Kerl hier ist ein schlaffer Klumpen. Sie hat Neuralgien und lange Phasen der Apathie und andere Krankheiten. Ihre Kinder werden sie verlieren, wenn sie jemals welche bekommt. Sie hat den Rahmen des prächtigen alten Bestands behalten, aber in seinem Haus das Nerven und Gewebe sind krankhaft und sie wartet", er hielt inne, und dann kamen die Worte: „Warten auf Auflösung und endlose Ruhe."

„Haben Sie noch eine Zigarre?" Sein Begleiter unterbrach sein Grübeln.

„Der alte Mann behält eine Menge. Puh, wie er spielt! Ich habe das kleine Spiel verlassen; die Familie konnte das zu zweit nicht ertragen. Der alte Mann wird diese Woche wild sein. Er kann nicht gegen diesen Bradley spielen. Bradley." ist ein echter Trottel. Darauf habe ich den Pater vor langer Zeit hingewiesen, und ich wurde für meine Schmerzen verflucht. Wenn der alte Mann in Tränen ausbricht, gibt es kein Halten mehr, bis er seinen Kopf gegen etwas Hartes wirft. Nun ja „," er trieb das Pferd in einen sanften Galopp, „er kann nicht nach meinem Stapel Scheine treten. Wenn er auf ein hohes Pferd steigt, weiß ich, wie ich ihn reparieren kann." Er lachte. Jarvis Thornton warf seinem Begleiter einen neugierigen Blick zu. Genau diese Art von Intimität in Familien hatte er noch nie erlebt – eine bewaffnete Neutralität der Bösartigkeit. Er konnte es kaum erwarten, weiterzumachen und seine Räume in Camberton zu erreichen , wo nach dieser schweinischen Atmosphäre die sonntägliche Verlassenheit Frieden bedeutete. Zurück in seinem Sessel, in dem vertrauten Durcheinander herumliegender Bücher, Papiere und Briefe, fragte er sich erneut, welche seltsame Laune ihn dazu gebracht hatte, Roper Ellwells Einladung anzunehmen. Die vier Ecken verschwanden aus seiner Fantasie zu einem trüben Fleck, mit einem zentralen Punkt aus weißem Licht, der von einem dünnen Sommerkleid, einer mädchenhaften Figur, einem Gesicht, das müde und entkräftet zur Welt gekommen war, erzeugt wurde.

Am nächsten Morgen stürzte er sich erneut in den Arbeitsstress mit seinem alten Schwung und seiner Intensität, als ob er allein mit einer Hand zum Ende seiner Arbeit gelangen würde. Er nahm seine eiligen Mahlzeiten in einem kleinen Restaurant in der Nähe des Labors ein und kam spät abends in seine Zimmer zurück, unerschöpft und nervös darauf bedacht, wieder von vorne zu beginnen.

IV

Zehn Tage vergingen. Eines Morgens erwachte er spät, lustlos und unvorbereitet auf den üblichen Streit. Die Junisonne strömte in seine Zimmer, die alten Portières zitterten sanft in der sanften Brise. Draußen war die Welt von Sonnenlicht durchflutet. Das neue grüne Gras, die dichten Büsche entlang der Wege, das warme Blau des Himmels schienen seinen kleinen Eifer, seine törichten, jungenhaften Pläne, gewaltige Schritte zu machen, zu verspotten. So hat sich das Leben nicht entwickelt. Man machte einen kleinen, einen ganz kleinen Schritt, dann kam Mattigkeit; später muss man das gleiche Gelände noch einmal durchgehen. In der Natur gab es keine großen Fortschritte. Alles wurde durch subtile Veränderung erreicht. Er zog sich gemütlich an und sah sich nach einem gemütlichen Frühstück um. Es gab etwas Stärkeres als die Arbeit auf der Welt, besonders heute. Er sehnte sich danach, dem Sonnenlicht und der irdischen Seligkeit zu begegnen; Es war so eine Kleinigkeit, sich im Labor auszutoben. Halb bewusstlos schlenderte er zum Pferdestall, wo er seinen Gaul aufbewahrte. Und dann, eine Viertelstunde später, befand er sich auf der Autobahn, trottete über die Süßwasserwiesen und schnupperte die Luft und die duftenden Bäche. Er lachte über sich selbst. Sein Pferd stürzte, unheimlich nach der langen Rast im Stall. Plötzlich gab er die Sporen und ritt wütend über die Landstraßen, als wäre er verrückt danach, ein bestimmtes Ziel zu erreichen. Wenig später galoppierte er die kiesige Auffahrt der Four Corners hinauf, sein Pferd war nass und zitternd, und er verspürte ein unerklärliches Verlangen, ein Verlangen, das einen schnellen, brutalen Ausdruck gefunden hatte.

„Du hast lange darüber nachgedacht", sie sah vorwurfsvoll zu ihm auf, kühl und frisch, mit einer morgendlichen Fröhlichkeit an ihr, einer körperlichen Ruhe, die er zuvor nicht gespürt hatte. Das Pferd zitterte und drehte den Kopf, um sie anzusehen.

Er warf sich vom Pferd und ergriff ihre Hände; Sie streckte ihm zwei Hände entgegen, als ob einer für einen Handschlag ausdruckslos wäre.

„Aber jetzt, wo du gekommen bist, ist es großartig! Wir haben einen ganzen, langen, ruhigen Tag!" Ihre Töne waren ruhig und langsam, voller sommerlicher Ruhe und Wärme. Er war sofort zufrieden mit sich. „Komm", fuhr sie lächelnd fort. „Ich mache dir ein kühles Getränk. Mama ist in die Stadt gefahren und Ruby ist irgendwo im Ponywagen unterwegs." Als sie ihn auf der Veranda zurückgelassen hatte , lachte er über seine prüden Fantasien, die ihn vor vierzehn Tagen geplagt hatten. An diesem Junimorgen hatte sie genau das nötige Maß an Lebendigkeit und Gesundheit. Bei ihr war alles in Ordnung und in Frieden.

Sie führten viele sanfte, oberflächliche Gespräche. Sie führte ihn durch den Ort, zeigte ihm den alten Obstgarten, in dem die Schüler ihrer Urgroßmutter gespielt hatten – an einem Ende war jetzt ein Tennisplatz umgebaut worden, und den Stall mit seinen Überresten der alten Scheune, in der Rev. Roper Ellwell untergebracht war sein Pferd und seine Kuh. Dann gab es kleine Schweine und Hühner, die verschiedenen Gärten, die ihr alle am Herzen lagen und in denen sie die Pflanzen streichelte und streichelte, als wären sie lebendig. Sie brachte ihn in ihre eigene Höhle, einen kleinen Raum, in dem einst die Predigten des Großvaters geschrieben worden waren und in dem eine Kopie des Ölporträts hing, das Thornton in der Camberton Hall gesehen hatte.

„Bin ich nicht wie er?" fragte sie plötzlich und rückte sich in das gleiche Licht wie das Porträt.

„Ja", antwortete Thornton, „mit einem Unterschied."

"Was ist es?" sie drückte ihn ängstlich.

„Ich weiß nicht, was mit den drei Generationen passiert ist", antwortete er langsam.

„Sagen Sie es mir ehrlich", beharrte sie mit dem ganzen Egoismus der Jugend, der über ein persönliches Urteil geweckt wird.

"Soll ich?" sagte er ernst. Sie wurde ernst, nickte aber. Thornton sah zu, wie die Farbe verschwand und ein Anflug von Hilflosigkeit über ihr Gesicht huschte.

„Der alte Kerl", er schaute immer wieder vom Porträt auf die Frau vor ihm, „war trotz seines steifen Brettkostüms und der Art, wie er gemalt hat, ein großer Feuerklumpen. Es brannte hart in ihm, verbrannte Fleisch und …" gemeinsame Leidenschaften; er muss ein ruheloser, leidenschaftlicher Mann gewesen sein. Du bist ruhiger", endete er dumm.

„Ja, du meinst, dass sein Feuer ausgebrannt ist; dass ich schwach wie Wasser bin, als er stark war."

„Nein, das nicht genau", protestierte Thornton.

„Ja, das hast du", wiederholte sie traurig. „Und so ist es auch. Ich bin generell so müde. Es gibt nur Stunden wie diese, in denen etwas einströmt und ich Dinge vergesse und glücklich bin. Aber es vergeht, es vergeht."

Sie standen schweigend vor dem Porträt. Plötzlich erinnerte sie sich an sich selbst.

„Das Mittagessen muss fertig sein."

Ruby kam zum Mittagessen herein und unterhielt sich amüsant. Sie war im Dorf gewesen und war voll von den Bauern.

„Ich glaube, sie würden verrückt werden", schloss sie verächtlich. „Wofür müssen sie leben? Ich wundere mich nicht, dass die Mädchen lieber in die Mühlen gehen und irgendetwas tun, als in diesem kleinen Loch herumzusitzen."

Später machten sie sich auf den Weg zu den Feldern, während die Nachmittagssonne still hinter den Kiefernrändern am Horizont unterging. Die Atmosphäre des Tages hatte sich verändert und war wie die stille Ruhe des vollendeten Lebens geworden. Die kleinen Sehnsüchte des Morgens, die Faszinationen der Natur waren einer Zufriedenheit voller Wärme gewichen. Miss Ellwell nahm einen kurvenreichen Waldweg, der zuerst über die Wiese und dann über die Kiefernnadeln zu einem kleinen Teich führte. Während sie entlang schlenderten, beobachtete Thornton, wie sein Begleiter die gesättigte Luft des Sommernachmittags einsog, als würde er bewusst davon leben. Sie kam ihm distanziert vor, wie eine Pflanze, die dem Menschen ihre beste Kraft entzieht, in Feldern und Wäldern, eine Art Parasit.

"Du liebst das?" sagte er müßig.

„Ich liebe es! Ich lebe davon. Ich komme hier raus, setze mich unter die Bäume und schließe meine Augen. Dann scheint der Geruch der Erde in mich einzudringen und mich zu verzaubern. Glauben Sie, dass Großvater Roper jemals solche Wünsche hatte? grobe Freuden in der Natur?"

„Nein, das hatten seine Vorfahren für ihn gelebt. Er hatte es in sich gespeichert und gab es in moralischer Leidenschaft weiter."

„Und – sie haben es weiterhin mit Leidenschaft weitergegeben –"

Sie hob fragend und verträumt ihre schweren Lider.

„ Also muss ich wieder gepflanzt werden, denn ich bin erschöpft. Na ja, sie ist eine freundliche Mutter, ein altes Wesen, und ich liege gern in ihren Armen."

Ein kleiner Bach floss träge um große Wiesengrasbüschel. Die späten Veilchen und Sumpfrosen verströmten schwere Gerüche, vermischt mit einem starken erdigen Geruch. Sie schienen mitten im Haushalt der Natur zu sein und gingen als unangekündigte Gäste leichtfüßig umher. Sie wanderten weiter zu einer offenen Stelle im Wald, ließen sich dort nieder und versanken im trockenen, erhitzten Holzmoos. Thornton hatte keine Lust zu reden; sie, die ihm das letzte Mal zugehört hatte, übernahm nun die Verantwortung für ihn.

„Du bist so weit weg, hier, in der Hitze und auf der Erde; so weit weg von der Welt. Man wird müde, immer zu versuchen, aufzuholen, und immer müde zu sein."

Während sie sprach, spürte er, wie seine Glieder schwer wurden, weil er ihren Worten gehorchte. Sein Geist wurde ruhig wie unter dem Einfluss eines Narkotikums; Es schien so eine Kleinigkeit zu sein, was er dort in Camberton tat , und so weit entfernt von dem starken Puls, der tief unten in der Erde unter seinem Körper pochte.

„Warum sind Männer so dumm", flüsterte sie weiter. „Wir wollen eigentlich nur ein paar Dinge: Ruhe, Ruhe, Frieden, ruhige Körper und dass diese großartige Erde für immer schimmert und sich verändert." Seine Augen folgten ihrem Gesicht. Ihre Haut war so durchsichtig, dass jedes Wort einen blitzenden Farbpunkt zu erzeugen schien; Ihr Busen bewegte sich sanft im Rhythmus ihrer Worte, und ihre Augen mit den schweren, fallenden Lidern lächelten ihn verschwörerisch mit dem Mund an.

„Aber das ist noch nicht alles – Ruhe!" Seine Worte klangen hohl, wie eine Lektion, die er auswendig gelernt hatte und die er aus Anstand wiederholen musste.

"NEIN!" ihre Stimme war noch leiser als je zuvor; „Dann kommt die Liebe, und mit der Liebe fließen die Leidenschaft und die Energie des Lebens!"

Die Worte bewegten ihren Körper. Was sie sagte, erschien ihm im Moment äußerst wahr. Wieder bot Anstand Protest an.

„Und die anderen Dinge – Erfolg und Ruf und das Gute, das die Welt braucht."

Sie bewegte ihre Hände nachlässig.

„Du würdest sie nicht brauchen." *Darin* lag große Verachtung . Sie lagen mehrere Minuten lang still da, während die Erde murmelte. Sie hatte ihn passiv in ihr Netz gezogen. Wie ein Parasit entzog sie ihm ihre Kraft. Aber es war eine neue Seite für ihn, diese Nachgiebigkeit, und so erinnerte er sich in wenigen Augenblicken an das harte, kantige Ich, das die Woche in seinen Kleidern umherging. Er sprang auf.

„Ich muss zurückreiten."

Sie folgte ohne Protest. Sie schien neben ihm zu schwimmen, glücklich in elementaren, sehr einfachen Gedanken, und eine dünne Röte huschte über ihr Gesicht.

„Wir waren so glücklich. Es war ein so langer und voller Tag. Wirst du jemals wiederkommen?" Sie standen im Schatten auf dem Rasen. Er wollte gerade *nein* sagen, aber als er ihre Hand nahm, fuhr die Ellwell -Kutsche die

Landstraße hinauf. Nachdem sie einen Blick darauf geworfen hatte, erbleichte sie. Ellwell stieg unsicher aus der Kutsche, sein großes, hübsches Gesicht war gerötet und verzerrt. Er war halb betrunken und in großer Leidenschaft. Er ergriff mit einer Hand die Kutschenpeitsche und mit der anderen das Zaumzeug des Pferdes und peitschte das zitternde Tier einige Sekunden lang. Mrs. Ellwell schlüpfte vom Rücksitz und rannte halb ins Haus. Bradley stieg langsam, mit einem höhnischen Grinsen im Gesicht, aus der Kutsche und nickte Thornton zu. Er lächelte, als wollte er sagen: „Schlecht gezackt, alter Narr."

„Geh, da ist Pete mit deinem Pferd!" flüsterte Miss Ellwell . Er wollte gerade seinen Fuß in den Steigbügel setzen und der unangenehmen Szene entkommen, als sich der alte Ellwell zu ihm umdrehte.

„Lass dich nicht von mir erschrecken, junger Mann", sagte er mit seiner vorschriftsmäßigen Höflichkeit, der Miene der alten Ellwells . Thornton schüttelte ihm die Hand und bemerkte seine blutunterlaufenen Augen, die geschwollenen Falten unter den Augenlidern, die allgemeine Aufgedunsenheit eines schlecht regulierten menschlichen Tieres. „Gehst du vor dem Abendessen?" Ellwell fuhr fort. Thornton murmelte etwas über Pflichten und Verpflichtungen. Ellwell verneigte sich und hob seinen Hut. Miss Ellwell trat vor, als wollte sie sich verabschieden, blieb dann aber stehen. Ihr Gesicht war traurig. Thorntons Pferd wirbelte ungeduldig herum. Er ergriff den Sattel und einen Moment später war er die Straße hinunter in die Felder und Wälder, die etwas auf sich hielten, wo alle den heiligen Frieden einer sternenklaren Nacht hatten.

„Sie wollte mich nicht noch einmal fragen, armes Mädchen", murmelte er.

V

Ob Jarvis Thornton dem Drang, nach Four Corners zu reisen, aus eigenem Antrieb wieder nachgegeben hätte, blieb ungeklärt. Er hatte einige Experimente zur Hand, die er für eine Arbeit durchführte, die er am Ende des Monats vorlegen musste. Der Tag der Zerstreuung schien ihn noch einmal auf dem gewohnten Weg anzuspornen, und nur in den wenigen Momenten der Faulheit am Ende des Tages kehrten seine Gedanken zu den stillen, in der Junisonne gebackenen Wiesen und zu der Frau zurück, die ihn in Versuchung geführt hatte ihn in eine gefährliche Welt. Eines Abends, als er über den impulsiven Tag nachdachte, klopfte Roper Ellwell an seine Tür und trat ein.

Ellwell war noch nie dort gewesen. Jarvis Thornton hatte ihn von Zeit zu Zeit im A. Ω. gesehen; Aber ein schnelles Set, das Roper- Ellwell- Publikum, nachdem er den Club in eine Kneipe zum Trinken und Pokern verwandelt hatte, war er nicht mehr häufig dorthin gegangen. Ellwell war ziemlich angeschlagen, wie Thornton bemerkte, als er ihn kühl aufforderte, Platz zu nehmen und sich eine Zigarre zu gönnen. Er war gekommen, um sich auszuschütten, und es gab eine ziemlich schmutzige Geschichte zu erzählen. Er war wegen allgemeiner Unzulänglichkeit aus Camberton entlassen worden ; aber das war sein geringstes Problem.

„Ich könnte zu dem alten Mann gehen und ihm sagen", erklärte er, „seine eigene Bilanz in Camberton war nicht besonders gut, und er hegt einen Groll gegen den alten Ort. Ich bin wegen viel Geld hier, dem er standhalten muss. Aber——"

Thornton sah ihn teilnahmslos an, ohne seine Geschichte zu kommentieren. Warum sollten ihn die Ellwell- Exzesse in der vierten Generation beunruhigen ? Er konnte den Sinn all dieser Vertraulichkeiten noch nicht erkennen.

„Ihre Trennung ist ziemlich abgeschlossen", sagte er schließlich kühl. „Viele gehen hierher, machen einen Ausrutscher und bellen mit den Schienbeinen, aber du hast zwei Jahre damit verbracht, es ganz alleine zu schaffen."

Roper Ellwell ließ den Kopf hängen.

„ Das sagte der Dekan; und da ist noch etwas anderes." Jarvis Thornton hörte im weiteren Verlauf mit dem Rauchen auf. „Ich bin verheiratet; der alte Mann wird das niemals ertragen, und es wird die Mutter und meine Schwestern fürchterlich zerstören ." Kurz gesagt, er war mit der Zuversicht, die die Bekanntschaft mit einem älteren Mann weckt, nach Thornton gekommen, um ihn anzuflehen, seinem Volk die Neuigkeit zu überbringen. Idioten fühlen sich zu den Starken hingezogen.

„Warum gehst du nicht selbst hin?" Erkundigte sich Thornton, der die dumme Angelegenheit satt hatte. Aber ein Blick auf die herabhängende, unzusammenhängende, elende Gestalt vor ihm beantwortete seine Frage. Er saß einige Minuten da und debattierte mit sich selbst über den Punkt. Er konnte eine konventionelle Ausrede finden und den Mann von Welt spielen , der sich nicht mit unangenehmen Menschen einließ. Aber seine Fantasie präsentierte das Bild der beiden traurigen Frauen; Ihre letzte Hoffnung wurde durch diesen Ausstieg aus der Familienkrise zunichte gemacht. Vielleicht konnte er es ihnen in ein besseres Licht rücken als Roper oder sein Vater. Er sah wieder das Gesicht des Mädchens, das in der Sommerdämmerung auf dem Rasen stand – ein Gesicht, das ständig traurig sein musste.

„Nun", sagte er, „ist sie eine schlechte Frau, die Frau, die Sie dazu gebracht haben, Ihre Zukunft zu teilen?"

Der junge Ellwell war zu unglücklich, um sich über diese Brutalität zu ärgern.

aber nicht ihre Art ; sie ist ein schwedisches Mädchen; sie ist Krankenschwester in einem Krankenhaus."

„Du wurdest gezwungen, sie zu heiraten?" fragte der ältere Mann.

Ellwell nickte zustimmend.

„Und jetzt macht sie es dir unangenehm."

„Ich versuche, etwas zu tun zu finden", protestierte der junge Mann. „Dann werde ich sie nicht belästigen; aber wenn ich dort hinuntergehe, wird mich der alte Mann aus dem Haus werfen."

Kurz gesagt, Jarvis Thornton stand am nächsten Morgen früh auf und machte sich, bevor die Sonne die Straße erwärmt hatte, auf den Weg zu den Four Corners. Schließlich konnte er bei seinem erbärmlichen Auftrag nicht viel tun; Zumindest für die Mutter. Eine weitere Beleidigung, die sie in dummer Passivität ertragen musste. Ohne die Tochter, die leben musste, wäre das eine andere Frage; und als er Middleton erreichte, hatte er sich noch nicht entschieden, wie die Geschichte erzählt werden sollte.

kiesige Auffahrt an den Four Corners führte . Mrs. Ellwell und ihre ältere Tochter saßen auf der Piazza und nähten. Pete wusch Kutschen; Die Hunde schliefen im Gras. Der Ort war ruhig und friedlich. Die Frauen empfingen ihn herzlich; Eine helle Farbe breitete sich über das Gesicht des Mädchens mit einem zufriedenen Lächeln, das ihm sehr nahe zu stehen schien. Er stürzte sich schnell in sein Geschäft und legte ihnen den Fall mitfühlend vor. Sie hörten wortlos zu, das Gesicht des Mädchens zitterte und zuckte leicht. Ruby hatte sich ihnen angeschlossen und Thornton unterbrach seine Geschichte, aber Mrs. Ellwell bedeutete ihm, fortzufahren. Während er redete, suchte er nach etwas Licht, um die Situation am Ende näher zu beleuchten. „Er möchte weg, und es wäre vielleicht das Beste, wenn wir etwas für ihn finden könnten. Ich habe einen Onkel in Minnesota, der bei der Eisenbahn arbeitet. Vielleicht findet er einen kleinen Ort, an den er ihn verpflanzen kann." Er hörte auf.

„Sie haben einen Onkel in Minnesota", wiederholte Mrs. Ellwell mechanisch, ihre trockenen Augen starrten ihn ideenlos an. „Du bist sehr, sehr nett." Sie stand auf und ging ins Haus.

„Dummkopf", murmelte Ruby; Ihr dunkles Gesicht flammte wütend auf. Thornton bemerkte, wie sehr sie ihrem gutaussehenden Vater ähnelte. Sie hatte mehr Feuer in sich als Roper Zweite. „Ich nehme an, er hatte nicht den Mut , mit seiner eigenen Geschichte nach Hause zu kommen. Vater wird ziemlich wütend sein. Warum hat er diese Frau *geheiratet* ?"

„Nun", antwortete Thornton ruhig. „Vielleicht können wir darauf aufbauen, die Tatsache, dass er sie geheiratet *hat* . Das scheint mir der vielversprechendste Teil davon zu sein."

Das junge Mädchen warf ihm einen verächtlichen Blick zu und stürzte ihrer Mutter hinterher ins Haus. Miss Ellwell hatte kein Wort gesagt; ihr Gesicht war über ihre Arbeit gebeugt; und er bemerkte ein paar verdächtige Flecken auf dem dunklen Leinenstoff, den sie säumte. Er wandte sein Gesicht dem sonnigen Rasen und den dunklen, vollblättrigen Bäumen ab, die jenseits der Straße lagen. Ein Schwarm Spatzen ruderte in scharfen Tönen zwischen den Blättern. Der Haushund rappelte sich träge auf, ging zu Thornton hinüber und steckte ihm einen nassen Maulkorb an die Hose. Der Ort war so friedlich, so ein Nest eines alten Puritaners! Und hier waren die Dämonen, gegen die der Göttliche gekämpft hatte und die sein Zuhause als ihr Arsenal hielten. Als er sich erlaubte, sein Gesicht dem Mädchen an seiner Seite zuzuwenden, war sie ernst und blass und irgendwie erschöpft. Die ganze Müdigkeit des Kampfes zwischen Fleisch und Wille saß in ihren schwerlidrigen, traurigen Augen.

„Sie müssen eine mutige Frau sein und ihm helfen", sagte Thornton, der die Konventionalität und Albernheit jeder Bemerkung spürte. „Er darf nicht wie ein Hund hier rausgejagt werden, sondern ihm muss das Gefühl vermittelt werden, dass er eine anständige Zukunft aufbauen kann." Sie nickte. „Am Geld liegt es nicht", sagte sie schließlich. „Obwohl ich mir nicht vorstellen kann, woher es kommen wird. Auch nicht die Ehe, sondern die ewige Schande Fluch, ein Zerfall. Warum kämpfen? Wenn wir alle schlafen und ausschlafen könnten? Es liegt nichts vor uns, nichts vor uns!"

„Das ist Torheit", erklärte Thornton. „Wir sind alle von diesem Fluch der Vererbung gefangen gehalten. Man hat uns über ihn geredet, ihn geschrieben und uns bewiesen, bis er uns zu Feiglingen macht!"

Sie sah ihn traurig an.

„‚Die Sünden der Väter bis in die dritte und vierte Generation'", wiederholte sie.

"Verdammt!" Er stand aufgeregt auf. „Das ist die schrecklichste Lehre in der Bibel, und wir haben sie wie Schafe geglaubt, bis wir sie wirklich wahr gemacht haben. Wenn ein schwacher Mann in den Donner gehen will, denkt er an einen Onkel, der ein Trunkenbold war, oder an einen Vater, der es war." ein Dieb, und er geht und tut das Gleiche. Natürlich! Und jetzt kommt die Wissenschaft und sagt, dass es nicht so ist, oder zumindest gibt es starke Zweifel daran. In ein paar Jahren können wir beweisen, dass es nicht so ist und Befreie die Menschheit von diesem abergläubischen Fluch.

Das Mädchen verstand ihn nur zur Hälfte. „Ich denke, dass der alte Großvater Roper ein sehr leidenschaftlicher Mann gewesen sein muss, der gegen sich selbst kämpfte und siegte."

„Ja", gab Thornton zu, „unter den puritanischen Heiligen steckte eine Menge Laster fest. Seitdem ist es immer wieder ans Licht gekommen, aber das macht keinen Unterschied", erläuterte er vehement seine Theorien. Irgendwie, jetzt, wo sein Herz berührt war, legte er Leidenschaft und Überzeugung in das, was seine nüchterne Vernunft als Spekulation ansah. Er brachte ihr die neuesten Theorien aus Deutschland näher. Er hatte sich als Diplomat in einer unangenehmen Sache geoutet; Er wurde ein überzeugter Anwalt. Seine Fantasie erwachte in Flammen und er sah all die alten Probleme, mit denen er im Labor kaltblütig umgegangen war, erneut und voller Leben. Die Frau saß stumm da und saugte seine Aussagen und Argumente in sich auf. Dann, als sie im Gras standen und darauf warteten, dass Pete seine Nörgelei vorbrachte, sagte sie:

„Wir sind frei, denken Sie." Ihr Verstand beschäftigte sich mit seinen Worten.

„Wir können weitgehend neu anfangen: Die Würfel sind nicht vorher gefallen." Er fügte weniger herzlich hinzu.

„Aber wir kopieren, was uns umgibt. Wenn wir dem Strom der Ideale, in den wir hineingeboren werden, wie Sie es nennen, nicht entkommen können, welchen Unterschied macht das dann? Es läuft auf dasselbe hinaus!"

Sie, die Frau, flehte ihn, den Mann, an, sie zu befreien, mitzunehmen. Er antwortete zärtlich:

„Das können wir; jeder kann sein eigenes Leben als Fremder gegenüber seinen Schiffskameraden führen. Das haben Sie getan.“

„Es bedeutet ein Opfer. Jemand muss uns aufrichten. Von einem anderen Leben könnten wir die Kraft bekommen, und dieser andere verliert – genau so viel, wie er gibt.“

Thorntons Brauen zogen sich zusammen. Sie las den Kommentar der Vernunft, der neben seinem Text stand.

„Wer weiß? Nicht alles lässt sich auf einer Waage wiegen.“

Sie fragte ihn nicht, ob er zurückkehren würde; tief in ihrem Herzen wusste sie, dass er es tun würde.

VI

Bestimmte natürliche Folgen ergaben sich aus Jarvis Thorntons erster Einmischung in die Probleme der Familie Ellwell. Er fühlte sich verpflichtet, mit dem Onkel aus Minnesota alles zu tun, was er konnte, um dem jungen Roper einen Platz zu sichern. In ein paar Wochen konnte er eine weitere Reise zu den Four Corners unternehmen, mit dem konkreten Angebot einer kleinen Agentur in einer kleinen Grenzstadt. Er fand die familiären Verhältnisse beunruhigend, aber vorübergehend ruhig. Der alte Ellwell war nach einem leidenschaftlichen und heftigen Angriff in betrübtes Schweigen verfallen. Der Sohn ging ihm aus dem Weg; Tagsüber hielt er sich auf dem Gelände auf und machte sich auf den Weg, so oft die Mutter und die Schwestern Geld für ihn auftreiben konnten. Nach mehreren Besuchen im Four Corners, in solchen Zeiten familiären Stresses, befand sich Thornton auf dem engsten Kontakt mit der jungen Frau, die das Leid am meisten zu spüren schien.

Er beschloss, ihm aus Gerechtigkeit gegenüber seinem Vater die Geschichte zu erzählen, was auch immer käme. Thorntons Vater war ein älterer Mann, den die meisten guten Bostoner gerne kennen lernten. Er hatte ein kleines Vermögen; er besaß eine gemütliche kleine Ziegelkiste in der Marlboro Street; Seit dem plötzlichen Tod seiner Frau vor Jahren hatte er genug Geschmäcker kultiviert, um ihn einigermaßen zu beschäftigen. Jarvis Thornton genoss seinen Vater, und die Freude beruhte auf Gegenseitigkeit. Die beiden hatten ihre Köpfe zusammengesteckt und das Lebenswerk des jüngeren Mannes geplant, und jeder fühlte sich gleichermaßen interessiert und verantwortlich für den Erfolg ihrer Spekulationen. Was der Karriere des Vaters an Effektivität gefehlt hatte, beschlossen sie nun, Jarvis nachzuholen. So verspürte der Sohn bereits einige Bedenken, als ihm klar wurde, wie weit er in dieser wichtigen Angelegenheit gegangen war, ohne seinen Vater in die Quere zu kommen und ihn zu kritisieren.

Es war ein drückender Juliabend, den Jarvis nutzte, um die Angelegenheit seinem Vater vorzutragen. Der alte Mann war während des Abendessens, das sie zusammen im kleinen hinteren Esszimmer gegessen hatten, ungewöhnlich still und fast in Gedanken versunken gewesen. Der Sohn bemerkte, dass die Hitze seinem Vater zugesetzt hatte, und er machte sich Vorwürfe, dass er ihn in dieser staubigen, verlassenen Stadt festhielt, während er seine Laborarbeit erledigte. Die Elektroautos surrten alle paar Augenblicke gleich um die Ecke, und der kleine Parkstreifen hinter dem Haus war voll von armen Leuten, die aus ihren heißen Löchern gekrochen waren, um in den verlassenen Grünflächen etwas Luft zum Atmen zu schnappen von den Reichen. Jarvis Thornton ließ seinen Blick träge über die staubige Bibliothek schweifen, in die sie rauchen gegangen waren. In den hohen Reihen nüchtern aussehender Bücher hatte er einen ersten Eindruck von dem Leben bekommen, das er zu führen begann, dem Leben, das ihm im Großen und Ganzen das zufriedenstellendste erschien, was er je gesehen hatte. Es gab eine Kluft zwischen ihm und diesem leidenschaftlichen Mob, der in einem heißen Sommer durch die öffentlichen Parks wimmelte; Außerdem gab es eine Kluft zwischen ihm und seinen Nachbarn in den angrenzenden Backsteinkästen, die lediglich danach strebten, die Kästen bequem zu machen. Und seinem Vater, der ihm gegenüber saß und dessen feines, schmales Gesicht mit dem kurzen grauen Bart gelegentlich von der roten Kohle seiner Zigarre beleuchtet wurde, verdankte er alles. Irgendwie hatte er heute Abend das Gefühl, dass er im Begriff war, einen Überfall über die Kluft vorzuschlagen, eine freiwillige Aufgabe der ruhigen, effektiven Position, mit der er gesegnet war.

Es fiel ihm nicht schwer, die Angelegenheit anzusprechen. Eine Angelegenheit mit seinem Vater zu besprechen war, als würde man mit einem erfahreneren und geduldigeren Menschen sprechen.

„Haben Sie jemals die Ellwells gekannt ?" Er begann einfach. „Einer von ihnen war der alte Pastor in der Zweiten Kirche, und sein Enkel ist jetzt im Aktienvorstand." Der ältere Mann nickte. Dann fuhr er fort und beschrieb seine erste Bekanntschaft mit der Familie, seinen Eindruck von den Four Corners, seinen ersten Besuch dort, mit klaren, einfachen Porträts der verschiedenen Ellwells dieser Generation. Als er zweitens zum Einbruch von Roper Ellwell kam , fiel es ihm weniger leicht zu erklären, was ihn davon betroffen hatte. Seine letzten Besuche im Four Corners überging er hastig, und nach ein paar unterbrochenen Bemerkungen über die Frau, die ihn dorthin geführt hatte, herrschte unangenehmes Schweigen. Sein Vater rauchte weiter, als warte er auf eine abschließende Aussage. Da es nicht kam, sprach er mit klarer, unparteiischer Stimme.

„Ja, ich kannte alle Ellwells außer diesen jungen Leuten. Ich war gerade aus Camberton heraus , als der Krieg ausbrach. John Ellwell scheute sich damals; es war nicht viel zu tun, um an die Front zu gehen. Es lag in der Luft, zu kämpfen." ." Er hielt inne, um diesen Aspekt des Falles auf sich wirken zu lassen. „Später war ich Vorsitzender des Komitees, das ihn aufforderte, den Tremont Club zu verlassen. Und noch später, als sein Betrug an der Börse ans Licht kam, half ich seinem Vater, die Angelegenheit zu vertuschen." auf. Er war ein schlechter Kerl.

„Ja", antwortete sein Sohn langsam. „Ein ungewöhnlich schlechter Haufen. Er ist mies!"

„Natürlich gab es neben den Skandalen, die wir erwähnt haben, wahrscheinlich noch weitere mit Frauen. Was Sie über die Kinder sagen, zeigt, wie verarmt das Blut ist. Der Sohn könnte kaum anders enden. Sie haben ihm einen neuen Boden zum Wachsen gegeben.", aber das Ende muss da sein!"

Der alte Mann zeigte steif auf die Straße. Jarvis Thornton gab keine Antwort. Jetzt fuhr sein Vater fort:

„Sie wurden nicht rechtzeitig verpflanzt. Sie sind degenerierte Puritaner. Es gibt sehr viele wie sie, die auf den steinigen Farmen, in kleinen Büros oder in Anstalten der einen oder anderen Art ausgetrocknet sind. Der Stamm war zu fein gezüchtet." fast dreihundert Jahre lang immer und immer wieder. Wahnsinn und Laster wurden gehortet, unterdrückt und weitergegeben." Er schien mit persönlicher Bitterkeit zu sprechen.

„Wir haben den Makel der Skrofulose, des Alkohols, des Wahnsinns, alles verdeckt. Die weisesten waren diejenigen, die sich vor vierzig Jahren in neue Länder zerstreuten. Dann nahm der prächtige alte Stamm ein neues Leben an. Es wäre nicht übertrieben, das zu sagen." Wo immer wir in unserem weiten Land gutes Leben, Hoffnung, Freude oder Wohlstand finden, lässt sich alles auf Neuengland zurückführen."

Verwundert hörte der Sohn diesem Aufsatz über den puritanischen Stamm zu.

„Aber ich glaube nicht daran", protestierte der junge Mann. „Ich glaube nicht, dass es gute Wissenschaft oder gute Moral ist, uns diesen schrecklichen Mühlstein der Vererbung um den Hals zu hängen."

Sein Vater blieb in seinem unparteiischen Ton. „Du weißt, wie viel von diesem faulen Zeug in unserer Familie steckt. Du erinnerst dich an die Sharps, die Dingleys und die Abraham Clarkes. Du weißt, dass deine Mutter vor lauter Erschöpfung gestorben ist", zitterte der alte Mann, „und ich wurde verschont." ein ziemlich nutzloses Leben durch ständiges Flicken. Der Krieg hat mich nicht nur umgehauen –"

„Ich werde es nicht glauben!" sagte Jarvis Thornton in eindringlicher Stimme. Sein Vater seufzte.

„Und durch ein gewisses Glück wurdest du verschont; du bist stark, gesund und ausgeglichen aufgewachsen. Ich habe deine Interessen auf den Beruf ausgerichtet, den du gewählt hast, und zwar aus einem bestimmten Grund – "

Er machte erneut eine Pause. „Damit Sex, bloßer Sex, keine besondere ungesunde Faszination für Sie ausübt; damit Sie diesen Problemen begegnen und sie so vernünftig behandeln, wie Sie es mit einer Banksache tun würden – ohne Sentimentalität, ohne Leidenschaft, ohne eine ignorante, alkoholische Halluzination – —"

Der Sohn hob die Hand.

„Und jetzt ist es auf eine neue Art und Weise gekommen", sagte er leise, „durch Ihr Mitleid und Ihre Großzügigkeit und Ihren Glauben. Aber es ist gekommen."

Was Jarvis Thornton antwortete, war weder kohärent noch gewichtig. Er verwarf die Vorstellung von Mitleid oder Großzügigkeit als absurd. Er liebte diese Frau um ihrer selbst willen, weil er sie liebte. Sein Vater lächelte traurig und freundlich.

„Die Mutter scheint nicht viel zum Blut beigetragen zu haben." Er verwarf dies, um das Thema wieder in vernünftigere Bahnen zu lenken.

„Nein, sie ist eine schwache Frau. Aber was ist damit? Ich heirate die Familie nicht. Wir werden sie verlassen und ein neues Leben aufbauen und den Fluch brechen." Er lächelte leicht.

„Glauben Sie, dass Ihren Kindern kein Schaden zugefügt wird, dass es in dieser Angelegenheit alles Zufall ist", beharrte der Vater, „Sie können der Familie dennoch *nicht* entkommen. Sie heiraten die Bedingungen; sie werden bei Ihnen bleiben. *Sie*, wenn nichts sonst wird es dein Leben ruinieren."

Der jüngere Mann erhob sich, als wollte er einen körperlichen Verband abschütteln. Zum ersten Mal in seinem Leben wurde ihm eine Rebellion gegen die elementaren Existenzbedingungen bewusst.

„Was ist, wenn es Korruption und Elend bedeutet? Ich will meine Freude, mein Leben, auch wenn unten auf meiner Seite „Misserfolg" steht."

„Nein, nein!" sein Vater protestierte. „Du wirst zwar den Schmerz und die Konsequenzen ertragen wie ein Mann, aber du wirst niemals an die schweinische Aussage glauben, die du gerade gemacht hast."

Dies brachte den jüngeren Mann in seine ruhigere Stimmung.

„Ich hasse sie", sagte er bitter, „mehr als du kannst; aber sie liebe ich."

„Und ihr wirst du alles opfern?"

Sein Vater sah ihn forschend und sehnsüchtig an.

„Ja, wenn es sein muss, *alle*, außer dir!"

Der alte Mann lächelte kühl.

„Ich werde nicht lange zählen, und du bist sowieso unabhängig. Aber ich habe keine Lust, die Sache auf eine solche Grundlage zu stellen. So haben wir nicht gelebt."

„Ich werde tun, was immer du willst", sagte der Sohn, „außer –"

„Ich werde um nichts bitten“, antwortete sein Vater sanft. „Wenn du sie heiraten willst, musst du es jetzt tun, da sie dich am meisten brauchen wird. Es kann keinen Kompromiss geben, es sei denn, du bist uneinig.“

Nacht das Haus verließ, hatte er das Gefühl, seinem Vater einen Schlag versetzt zu haben.

VII

Als Jarvis Thornton einige Tage später die vertraute Straße über die Autobahn nahm , hatte er sich noch nicht von der ernsten Stimmung erholt, die die Rede seines Vaters hervorgerufen hatte. Es hing wie ein Gewicht an ihm. Er ritt nicht im Tempo eines Liebhabers; eher kühl und entschlossen, mit einer Prise Stolz darauf, seinem eigenen Urteil zu folgen. Aber die Prophezeiung des alten Mannes löste in ihm selbst eine Angst aus: Es sei gefährlich, Rosen aus einigen Ruinen zu pflücken.

Die Freundlichkeit seines Vaters in dieser Angelegenheit erfasste ihn, und er begann, auf eine vage Weise die Sehnsucht zu schätzen, die alte Männer nach der Erfüllung durch die jüngere Generation hegen. Er erkannte, dass das bloße Alter die Komplexität des Verlangens reduziert, es aber zu einem einzigen und intensiven Element macht. Ob sein Vater mit seiner düsteren Analyse Recht hatte oder nicht, er war zutiefst überzeugt und scheiterte. Seine letzte Methode zum Erfolg hatte sich als illusorisch erwiesen, doch er hatte weder Vorwürfe gemacht, noch dominiert, noch diktiert, noch Berufung eingelegt. Er hatte ein wenig von seiner großen Trauer zum Ausdruck gebracht, aber diese Haltung hatte die Ekstase des jungen Mannes heimtückisch beeinträchtigt.

Würde *sie* den Adel seines Vaters verstehen? Er könnte ihr die Situation kaum in allen Einzelheiten erklären, selbst wenn sie dazu in der Lage wäre, sie zu verstehen. Und er hatte das Gefühl, dass es sich bei ihr um das Mitgefühl einer Frau handeln würde, das so bereitwillig und doch oberflächlich war. Es brauchte einen Mann mit seiner weniger ausdrucksstarken Natur, um die Zusammenhänge dieses Falles tief zu verstehen. Wenn sie ihn jedoch liebte – es war angenehm zu spüren, dass sie ihn *liebte* –, musste sie mit ihm planen, die Prophezeiung des alten Mannes zu vereiteln. Sie würden sich von den Bedingungen lösen, was auch immer käme. Er schloss seinen Mund fest. Mannhaft plante er, als wüsste er alle Elemente der Frage.

Sein Pferd trottete den kleinen Schotterweg zu den Four Corners hinauf. Plötzlich erschien sie auf dem großen gerillten Mühlstein stehend, der als Pferdeblock diente. Ihr weißes Kleid hatte ein rosafarbenes Unterkleid, das ihr mehr denn je das Aussehen einer sich öffnenden Seerose verlieh.

„Ich habe heute einen neuen Spaziergang für dich."

Ihre Begrüßung verriet keine Überraschung. Sie war sich des Ergebnisses offenbar sicher. Als Thornton sich von seinem Pferd sprang, hatte er das Gefühl, nachzugeben – dem Vorabgemachten.

„Aber du musst so heiß sein", fügte sie hinzu und betrachtete sein ernstes Gesicht. „Komm in die Speisekammer, während ich dir einen Cocktail mache. Papa sagt, ich könnte eine Stelle als Barmädchen bekommen."

Mit zufriedenem Lachen ging sie zu der kleinen Speisekammer über dem Weinkeller. Es war wie eine Miniaturbar bestückt und angeordnet; Eine hohe Anrichte war sorgfältig mit poliertem geschliffenem Glas gefüllt, und der kleine Raum verströmte aromatische Düfte der verschiedenen Weine und Bitterstoffe. Er setzte sich in die Nähe des offenen Fensters, während sie damit beschäftigt war, Eis zu zerkleinern, bis es flockig kühl war, und die Materialien einzusammeln. Sie bei diesem Job zu sehen, schien die ganze Feierlichkeit des Anlasses weit in den Hintergrund zu rücken. Dennoch verspottete er sich selbst wegen seiner Prüderie.

Draußen brannte die Sonne auf den verbrannten Rasen; Hier brachte die Sommerhitze alle stechenden Gerüche des Ortes hervor, durchdrungen, so schien es, vom Börsenmakler, von der Art Amerikaner, der das Leben nur ertragen konnte, wenn seine Nerven irgendwie beruhigt waren. Pfa! Die Atmosphäre der Four Corners' Schweine! Sie erinnerten ihn an die Bindung an das Fleisch, die er in seiner herrschaftlichen Stimmung hasste. Er nippte an seinem Cocktail, zündete sich eine Zigarette an, atmete sie mit Bedacht ein und beobachtete mit müßiger Neugier, wie sein Puls mit scharfen kleinen Schlägen reagierte.

Die Flucht aus der Realität! Er hatte schon immer die unverblümte Realität gemocht und beruflich daran geglaubt. Man muss einen gesunden Geist und einen normalen Körper haben, um an die Realität zu glauben, und daher haben sich nur wenige für dieses bittere Brot interessiert. Der Mob versuchte zu fliehen. Würde er vielleicht auch versuchen zu fliehen? Was für eine Zeit verlor er durch die langsame, methodische Aufgabe, die er sich gestellt hatte? Vor drei Monaten hatte es zum ersten Mal einen Bruch in seinem normalen Gedankengang gegeben, und jetzt trieb er ziellos in einem Chaos aus Leidenschaften und Wünschen umher.

„Gefällt es dir?" fragte Miss Ellwell besorgt. Er hatte es auf den Lippen zu sagen:

"Ich hasse es." Das würde albern und unverständlich klingen, wie ein spontaner Vortrag über die Sünden starker Getränke. Sein Blick wanderte über sie und ruhte auf einem weißen Arm, der über die Anrichte hing.

„Ich mag dich", sagten seine Augen. Eine Welle brutaler Gleichgültigkeit gegenüber allem außer dem unmittelbaren Verlangen wallte in dem Mann auf. Er warf jedoch seine Zigarette weg und nickte.

Ein kleiner Hauch von Rosa in ihrem Gesicht und am Hals antwortete seinen Augen.

"Komm jetzt." Sie stellte das letzte Glas zurück, zog die Jalousie herunter und schloss die starken Gerüche ein.

Sie schlenderten durch den Obstgarten zur Waldstraße, die von den Four Corners nach Osten führte.

Es gab einen Teil von Middleton, der von einem hohen Hügel dominiert wurde, mit einem ländlichen Teich an seinem Fuß, der etwas Besonderes aussah und abseits vom flachen Dorf und den kleinen, kargen Bauernhöfen lag. Hohe Steinmauern säumten die grünen Flächen und trafen sich oben zu einem Haufen, wo auch ein paar vom Wind verwehte Apfelbäume ihr verkümmertes Wachstum aufrechterhielten. Etwas unterhalb der Hügelkuppe stand eine dichte Gruppe von Nussbäumen. Von dieser Höhe aus konnte man die Hügel von Hampton im Osten sehen, die von einer dünnen Baumreihe umrissen wurden, die wie mit einem dicken Pinsel an den Rand der Landschaft gezogen wurde. An anderen Stellen waren die Hügel runde, kahle Hügel. Weiter nördlich tauchte diese wellenförmige Linie in eine grüne Ebene ab, und dort, so die Überlieferung, konnte man an klaren Tagen die weißen Segel der Küstenschoner und einen Schimmer östlichen Lichts sehen, das möglicherweise die Sümpfe von Essex oder auch das Blau war Meer selbst. Dieser von Apfelbäumen gekrönte Gipfel war eine Art Aussichtspunkt vom toten Land zum lebendigen Meer.

Miss Ellwell brachte Thornton zu dem Steinhaufen auf dem Hügelkamm; Sie stützten ihre Arme auf die Mauer und blickten nach Osten, auf der Suche nach dem Stück blauer Küste und den Segeln.

„Da, da, ich kann es sehen", rief sie. Er sah sie ungläubig an. Da war nichts als eine nebulöse blaue Masse. „Nun, ich habe es gesehen", protestierte sie, „zwei- oder dreimal. Heute ist es ein bisschen verschwommen."

„Warum willst du es sehen?" fragte er müßig.

„Oh, es ist so anders! Es ist groß und seltsam und ungewohnt; gefällt es dir nicht?"

„„Es gibt eine Welt jenseits!"", antwortete er ohne direkte Aussagekraft. Sie wandten sich dem Schatten der Nussbäume zu. In der Julisonne schien der Wald zu schlafen, nur von einer wehenden Brise besänftigt, und sie warfen sich auf den warmen Boden. Die Luft war überall von angenehmen, erhitzten, schläfrigen, erdigen Gerüchen erfüllt.

Als sie ihren Hut abnahm und sich wieder ins Unterholz schmiegte, spürte Thornton ihren anämischen Körper, der von der Ermüdung des heißen Spaziergangs blass war, als würde die Seerose in der Mittagssonne hängen. Dennoch war sie irgendwie eng mit der brütenden Erde verbunden. Es gab zwei Körper – den Körper aus Fleisch, der mit Müdigkeit und Schwäche zur

Welt gekommen war, und den Körper aus Leidenschaft, der zu Macht aufblühte.

Sie sprach von den tausend Kleinigkeiten, die das Gespräch zwischen einem Mann und einer Frau ausmachen. Thornton lag schweigend auf den warmen Blättern zu ihren Füßen und befühlte ihr blutleeres Gesicht mit seinen scharfen blauen Adern. Jeder war sich eines dynamischen Etwas in der Luft bewusst; Ihre Gedanken zeigten ein klares Verständnis, während das Gespräch zwischen Nichts und Nichts hin und her hüpfte. Als sie noch einmal anfing, von dem Meer zu sprechen, das dort hinter den grünen Wiesen und dem blauen Dunst lag, huschte ein schwaches Rosa der Lebhaftigkeit über die Blässe und ließ die feuchten Augen blitzen. Das Meer! Das stand in ihrem Kopf für die Geheimnisse der Veränderung, des Unbekannten. Thornton wusste, dass diese Wehmut nach der Veränderung nichts Bestimmtes an sich hatte, sondern lediglich der Bewegungshunger eines Mädchens war; doch das hatte sie seiner Meinung nach von ihresgleichen getrennt.

„Es gibt eine Welt jenseits", murmelte sie und wiederholte verwundert seine Worte. Die Zweige der Nussbäume schwankten im duftenden Wind, als würden sie flüstern: „Ja, ja, wir wissen davon. Diese Welt dahinter ... über den Hügeln aus Fleisch und den langweiligen Einöden müder Körper *gibt es eine Welt.*" des Friedens darüber hinaus!"

Ihr Blick richtete sich wehmütig auf sein Gesicht. Er hatte die Schlüssel zu diesem Jenseits in der Hand ... Etwas war in seinem wohlgeordneten Mechanismus gerissen, und er ging, ging, driftete willenlos in Gefühle und Sehnsüchte ab. Und im nächsten Moment hielt er sie fest und blickte in ein Gesicht, das vor Liebe brannte. Es gab keine Worte. Das Leben war zu stark für seine kleinen Pläne gewesen; es hatte ihn verspottet und in Leidenschaft getrieben , wie ein Stück Stroh im Sturm. Die Stunden vergingen unbeachtet, während sie dort von Angesicht zu Angesicht ruhten. Dann kam der Heimweg durch den Nachmittagswald; Sie ist still und zufrieden, während er versucht, sich zurechtzufinden. Als er über solche Dinge nachgedacht hatte, hatte er gesehen, wie er mit einem großen Mädchen von vornehmer Haltung, einer der vielen jungen Frauen, die er auf seinen Bostoner Partys kennengelernt hatte, völlig richtig über die ernsten Angelegenheiten des Lebens diskutierte. Er hatte erwartet, dass ihr Gespräch mit der Vertiefung dieser Vertrautheit ernster werden würde und dass er ihr schließlich, nachdem sie sich über die nüchternen Ideale des Lebens einig geworden waren, diesen letzten Vorschlag unterbreiten würde, der ihr beider Leben betraf. Er hatte sich eine solche Situation mit mehreren schönen jungen Frauen halb vorgestellt; Die Szene hatte sich immer in einem Salon voller Nippes und schwerer Vorhänge abgespielt , er in seinem langen schwarzen Nachmittagsmantel. Darin lag ein Anflug von Feierlichkeit, ein starkes

Verantwortungsgefühl, das ihren ersten Kuss ein wenig wie eine Grabstätte wirken ließ.

Jetzt das! Ihre Hand berührte seine; Seine Gedanken verließen diese bizarren Bilder, und plötzlich kam es ihm vor, als wäre das Leben eine Wildnis aus Wäldern in der Spätnachmittagssonne, durch die es ihm bestimmt war, in einem lethargischen Traum umherzuwandern. Ein vorherrschendes Gefühl der Zärtlichkeit; eine einzige Gleichgültigkeit gegenüber dem Gebell der Vernunft – bloße Liebe und die weiche, warme Erde und das Grün der Lebewesen und die Frau, deren Kleid seinen Arm berührte. Ah! das war um jeden Preis süß und kostbar.

VIII

Er hatte an diesem trägen Julitag etwas in Bewegung gesetzt, und plötzlich wurde er von einer Flut von Konsequenzen mitgerissen. Es gab ein Interview mit Mr. Ellwell , ein plötzliches Öffnen der Arme der Ellwell- Familie, und er war einer von ihnen – nicht gerade zu seinem Vergnügen. Ruby Ellwell brachte ihre Verlobung mit Bradley zum Ausdruck, dem jungen Börsenmakler, mit dem ihr Vater befreundet war. Die Four Corners erneuerten ihr weltliches Leben bei einer Gartenparty, bei der beide Verlobungen bekannt gegeben wurden. Thornton musste sich an die Seite seines neuen Schwagers stellen, und trotz all dieser unangenehmen Angelegenheit war der einzige Trost das Glück, das die Frau, die er liebte, darin fand. Für sie war es eine Rehabilitation der Familie, der erste Anbruch der besseren Zeiten, nach denen sie all die Jahre gesucht hatte.

Er erinnerte sich sein ganzes Leben lang daran, wie sein Vater sie kennengelernt hatte; wie er über den Rasen gegangen war, alt und grau und distanziert, und beide Hände genommen hatte. Er hatte sie zärtlich angelächelt, als wäre sie ein kleines Mädchen, so wie er vor Jahren Jarvis' Mutter angelächelt hatte. Dann hatte er sie auf beide Wangen geküsst und stand da und streichelte sanft ihre Hände. Später war er auf die gleiche stille, abwesende Weise davongeschlüpft. Den Rest des Tages war Jarvis Thornton ein wenig traurig und gelangweilt gewesen, ohne genau zu wissen, warum.

Sie hatten für September eine einfache Hochzeit geplant; Sie würden zur Dorfkirche gehen, dem alten weißen Kasten eines Versammlungshauses, in dem der erste Roper Ellwell seine Gemeinde geführt hatte. Martinson, Thorntons jugendlicher Held an der Camberton Theological School, traf sie in seinen bischöflichen Gewändern auf dem kleinen Grün vor der Kirche, und dann konnte die Gruppe, nicht mehr als ein Dutzend, gemeinsam in das kahle alte Gebäude hineingehen Die feierliche Stille des Landtags rundete die Hochzeit ab. Ein ruhiges Abendessen und dann weg von den Four Corners.

Aber es konnte nicht sein. Die hübsche Ruby wünschte sich eine „Funktion", einige der üblichen Aufregungen dieser Unterhaltung. Die beiden Schwestern müssen zusammen verheiratet sein; ein Sonderzug muss aus Boston kommen; Es würde ein großes Wiedersehen aller alten Freunde der Familie geben, die über das Ellwell- Unglück den Kopf geschüttelt hatten. Also gaben die beiden ruhigeren Seelen nach, und die Ehe hinterließ einen schlechten Geschmack im Freudenkelch des jungen Bräutigams.

Fast sofort waren sie ins Ausland nach Berlin gegangen, wo Thornton vorschlug, auf unbestimmte Zeit zu arbeiten. Es schien ihm, dass er mehr als ein Ziel erreichen sollte, indem er seine Arbeit in Europa fortsetzte; er konnte sich und seine Frau unmerklich von der Ellwell- Verbindung trennen. In seinen ersten Monaten verlief alles gut; er hatte begonnen, seine Ehe als eine Idylle zwischen den Seiten der Prosa zu betrachten. Doch als ihr Kind zur Welt kam, wurde seine Frau unruhig; sie musste nach Hause, sah er; Es war nur natürlich, dass sie sich in einer solchen Zeit danach sehnte, zu ihrer Mutter zurückzukehren.

Also waren sie nach Boston zurückgekehrt, und Thornton begnügte sich mit der Überlegung, dass er in Boston fast genauso gut vorankommen konnte wie in Europa; dass er glücklicherweise nicht an Geldnot gebunden war und dass die Camberton- Laboratorien ihm immer offen standen. Als die kleine Tochter kam, plante er einen neuen Umzug; Ihm wurde die Leitung eines Labors irgendwo im Mittleren Westen angeboten. Er begann die Kraft der Bemerkungen seines Vaters über die Transplantation zu spüren.

Dennoch sind sie nie hingegangen. Ein anderer Mann bekam den Termin, während er seine Frau überreden wollte. Ihre Mutter war so einsam, seit Ruby in New York lebte. Sie mussten nicht weit weg wohnen, um Geld zu verdienen. Als er vorschlug, nach Washington zu ziehen, musste der gleiche Weg noch einmal beschritten und auf den gleichen sanften, hartnäckigen Widerstand gestoßen werden.

„Geh nach Washington", sagte der alte Thornton, als sein Sohn während der letzten Krankheit an seinem Bett stand. „Geh nach Washington", wiederholte er mürrisch. Und als der jüngere Mann keine Antwort gab, sondern mit in den Taschen vergrabenen Händen grübelnd dasaß, sprach der Kranke erneut: „Du wirst hier nie etwas tun."

„Ja, wir müssen etwas unternehmen", stimmte sein Sohn mit einer Stimme zu, die „Nein" sagte.

Nach dem Tod seines Vaters zogen sie in das Haus in der Marlboro Street. Von einem Wegzug war keine Rede mehr. Die Ellwells kamen über den Winter in die Stadt und wohnten in einer Wohnung in einem der neuen Hotels in der Nähe . Mrs. Thornton hatte die Angewohnheit, ihre Morgen mit ihrer Mutter und dem Baby in der Wohnung zu verbringen. Thornton konnte keinen vernünftigen Grund für die Rebellion finden, die er über diese Bindung empfand, diese unmittelbare Nähe zum Verfall, in der er leben musste. Dennoch verabscheute er den Gedanken, dass sein Kind, so unwichtig es jetzt auch war, sein Leben damit beginnen sollte, eine solch verlassene Atmosphäre in sich aufzunehmen.

Er konnte jeden Tag erzählen, was in diesen langen Morgenstunden passiert war; wie das Mitgefühl seiner Frau auf der Folter lag; wie Mutter und Tochter über das unerklärliche Elend des Lebens geseufzt hatten. Es schien ihm, als käme sie mit dem alten anämischen Gesichtsausdruck nach Hause, mit dem alten ruhelosen Hunger im Gesicht, und dann wurde er daran erinnert, dass ihr Kind mehr als zart war. Es würde dazu führen, dass er bloß grobes Fleisch und Blut beneidet, die grobe Faser einiger überaus gesunder einfacher Leute. Tatsächlich war es ein Verbrechen gegen seine Mitmenschen, einen bankrotten Bestand aufrecht zu erhalten, wenn er ihn nicht wieder zu neuem Leben erwecken konnte. Hin und wieder gab es auch unbestimmte Hinweise auf die Ellwell- Affären, den schlechten Gesundheitszustand des Börsenmaklers und die ständigen Enttäuschungen, die ihn entmutigten. Seine Frau war in die Angewohnheit der Four Corner zurückgefallen, Unfähigkeit und Torheit als bloßes Unglück zu betrachten. Es irritierte ihn , all dieses sentimentale Mitleid mit einem Schurken wahrzunehmen . Dennoch hatte sie recht; sie hatte die Meinung von Jahrhunderten auf ihrer Seite; War sie nicht ihre Tochter, bevor sie seine Frau wurde?

Es gab Zeiten, da kam Ruby zu Besuch aus New York und brachte ihr Kind, einen Jungen, mit. Thornton bemerkte grimmig dieses kräftige kleine Tier von einem Neffen und verglich ihn genau mit seinem eigenen schwachen Kind. Er verglich auch die Mütter. Bei Ruby hatte die Phase der Überblüte bereits begonnen. Er vermutete, dass die Bradleys eine Art Landstreicherleben führten und von der Pension ins Hotel zogen, während Bradley auf und ab ging. Und trotz all ihrer Selbstsicherheit und ihres wohlhabenden Wesens hatte Ruby die Ellwell- Gebrechen nicht verloren. Doch ihr Kind hatte den starken Stamm erhalten, um den es ihn beneidete. Die Natur hatte die seinen kaltblütig übersehen und ihre Segnungen dahin getragen, wo sie nicht verdient waren.

Solche Überlegungen machten ihn seiner Frau gegenüber zärtlicher. Er fragte sich, ob sie jemals an diesen Kontrast gedacht hatte.

Als er in seinem kleinen Arbeitszimmer im Hinterzimmer arbeitete, fragte er sich, worüber die beiden Schwestern stundenlang reden könnten. Er bildete sich ein, dass sie die alten Posten des Familienhaushalts durchgingen, die tausend Nebensächlichkeiten des Familienklatsches, der nie ein Ende zu nehmen schien und nie das Interesse verlor. Eines Tages konnte er Ruby ernst reden hören – sie war gerade aus New York gekommen – und dann glaubte er das Geräusch unterdrückter Tränen zu hören. Nach einer Weile stand er nervös auf und ging in das Zimmer seiner Frau, wo die Schwestern waren.

Rubys Gesicht war aufgeregt, wenn auch mürrisch. Sie hatte ihren Hut nicht abgenommen, und in ihrer Eile waren ihre Handschuhe neben der Tür auf den Boden gefallen. Ihre Schwester weinte leise. "Was ist los?" Thornton wandte sich scharf an Ruby, seine Stimme verriet seinen Wunsch, sie für immer aus seinem Leben zu verbannen.

Ein leichtes höhnisches Grinsen huschte über ihr Gesicht. Sie sagte nichts und schlug mürrisch mit der Spitze ihres Stiefels auf den Fußhocker, als ob ihr sein Erscheinen übel wäre. Während Thornton auf eine Erklärung wartete, stand sie auf und hob ihre Handschuhe auf.

„Du musst es ihm sagen " , sagte sie grob zu ihrer Schwester. „Ich gehe rüber zu Mutter ."

Thornton begleitete sie zur Tür. Ihre Miene war trotzig und mürrisch; Thornton verzichtete verächtlich darauf, sie zu befragen.

„Nun", sagte er leise, als er zurückkam. Es sollte etwas sehr Schlimmes passieren; es hing seit Monaten in der Luft.

„Jarvis, ich kann es dir nicht sagen; es ist so schrecklich. Was sollen wir tun? Arme Tante Mary und Tante Sophie!"

„Sie haben ihr Geld verloren."

Sie nickte.

„Durch Bradley?"

„Oh, Jarvis, ich habe dir so viel Ärger bereitet; ich fürchte, ich hätte dich nicht hier in Boston behalten sollen."

„Ich verstehe nicht, wie sich das darauf auswirken könnte", antwortete er freundlich auf ihre irrelevante Reue. „Ist alles weg?"

"Das nehme ich an."

„Wie ist er daran gekommen?"

„Ich kann mich an nichts erinnern. Papa hatte alles – ihr ganzes Geld – zum Anlegen, und er überließ es Rubys Mann, um es in Weizen zu stecken. Es ist alles weg."

Thornton hatte gehört, dass John Ellwells Schwestern von ihrem Vater ein kleines Vermögen hinterlassen worden waren, mit der strengen Anweisung, es nicht in die Hände ihres Bruders zu bekommen. Es waren zwei zarte junge Damen, die mehrere Jahre lang ziellos durch Europa geschwebt waren und an einer Badestelle nach der anderen gelebt hatten. Ihre Weigerung, etwas mit ihrem Bruder zu tun zu haben, war ein fruchtbares Thema der Familiendiskussion gewesen. Ein paar Jahre zuvor jedoch, als die amerikanischen Aktien boomten, hatten die beiden Jungfrauen ihre Hunderttausend aus der Wollspinnerei abgezogen , in der der alte Mr. Ellwell sie platziert hatte, und sie dem Börsenmakler zur Reinvestition gegeben. Ihr Bruder hatte sie schon immer fasziniert. Er war klug, vielleicht böse, aber so klug, dass er sich immer auf gute Dinge einließ. Die Schlussfolgerung kam kurz. In den letzten sechs Monaten war es Ellwell gelungen, das Interesse aufrechtzuerhalten; Jetzt war er am Ende seiner Kräfte angelangt und stand kurz davor, Selbstmord zu begehen, indem er seinen Sitz verkaufte, um seinen Schwestern zumindest einen Hungerlohn zu bieten.

Mann und Frau saßen lange Zeit schweigend da.

„Warum ist Ruby gekommen, um die Neuigkeit zu verbreiten?" fragte Thornton schließlich. Seine Frau sah ihn schüchtern an und errötete dann.

„Ich nehme an, sie dachte, wir könnten etwas tun; aber was sollen wir tun? Wir haben nie etwas übrig."

Der Bolzen war gefallen; Thornton verfolgte seinen Kurs in wenigen Augenblicken.

„Es gibt nur eine Sache", sagte er sanft; „Wir müssen dafür sorgen, dass eure Tanten nicht verhungern, zumindest vorerst."

„Sie müssen Ihre Untersuchungen und Laborarbeiten und all das aufgeben?"

Sie bemühte sich, seine Situation zu verstehen, eine Anstrengung, die er an jenem Julitag, an dem sie sich verlobt hatten, für sie geplant hatte.

"Für das Geschenk."

„Wie kannst du mich lieben? Dein Leben wäre so anders verlaufen. Du hast immer gesagt, dass du über ideale Bedingungen verfügst, gerade genug Geld, um so zu arbeiten, wie du willst. Und jetzt kannst du nicht entkommen, es sei denn, ich sterbe."

Er mochte es nicht, alltägliche Lügen auszusprechen; Obwohl sie in ihrer plötzlichen Erkenntnis der Tatsachen die Wahrheit sagte und ihn dazu brachte, sie zu leugnen, konnte er nicht protestieren; Also küsste er sie stattdessen und sagte später:

„So können wir das nicht rechnen." Ihr alter Ausdruck des Elends kehrte zurück.

„Mit mir kannst du nicht gewinnen."

„Aber ich habe die Liebe gewonnen."

Und sie war besänftigt.

Von diesem Zeitpunkt an war er ein Mann im wahrsten Sinne des Wortes geworden. Er hatte seinen Schwiegervater streng an die Hand genommen, den Fall entschieden vorgetragen und ihm gezeigt, wie groß die Opfer waren, die sein wertloses Leben erforderlich gemacht hatte. Er zahlte von diesem Tag an das normale Einkommen an die Bankiers der Misses Ellwell , aber er gab dem Börsenmakler zu verstehen, dass dies das Ende sei. Einen weiteren Schutz für ihn gab es in diesem Leben nicht.

Wenige Monate später gab er seine Karriere als praktizierender Arzt und Chirurg ab. Er würde genug Geld in seinem Leben brauchen; Der Weg, dies zu erreichen, bestand darin, seine Bekannten in Boston zu nutzen und nur in wenigen Straßen der Back Bay zu üben . Mit dreißig begann er also mit der gewöhnlichen Tätigkeit eines gut vernetzten Arztes – dem Beruf, den er in seiner Jugend verspottet hatte, dem Beruf des höflichen Humbugs.

IX

Die nächsten fünfzehn Jahre, in denen Jarvis Thornton von einer Generation zur nächsten weitergegeben wurde, vergingen in ruhiger Eintönigkeit. Er hatte entschieden Erfolg gehabt. Sein kleiner Rundgang durch die Straßen von Boston, bei dem er geistige und körperliche Ermutigung spendete, war von Lob überwältigt. Darüber hinaus war er als „guter Kerl" bekannt, ein Beiname, den ihm seine wärmsten Freunde zu Cambertons Zeiten nicht verliehen hätten. Er war schlank und solide; Trotz ständiger Aktivität war er gepflegt und rund, und wenn sein wissenschaftlicher Ruf nicht mehr als mittelmäßig war, reichte es aus, ihm einen Lehrauftrag über Neurose an der Camberton Medical School zu geben – das notwendige Gütesiegel für einen an seiner Schule praktizierenden Arzt Kreis. Er verbrachte jedes Jahr acht Monate in Boston; Die anderen vier praktizierte er in Wolf Head, einem modischen Ort am Meer, für dessen Förderung er viel getan hatte. Dort hatte er auf einem kleinen Stück Land ein geräumiges Häuschen gebaut und klugerweise in die Improvement Company investiert, die über die besten Grundstücke entlang der Küste verfügte. Er war ein angenehmer Hausarzt, mit einer guten Verdauung und einer wünschenswerten Verbindung; In seinen wenigen Freizeitstunden konnte man sich darauf verlassen, dass er Tennis spielte, segelte oder eine Dinnerparty veranstaltete, sogar mit Tanz.

Ein Schritt, der den Wohlstand der Thorntons kennzeichnete, war ihr neues Haus in der Beacon Street, das mit großer Sorgfalt in einem oder zwei kurzen Häuserblocks stabiler Nachbarschaft ausgewählt wurde. Als sie in dieses neue Haus eingezogen waren, hatte Mrs. Thornton indirekt auf die Vergangenheit Bezug genommen.

„Warum gehst du nicht in die Nähstube?"

„Wozu? Ich kann im dritten Stock keine Patienten bewirten."

„Sie könnten es als Labor für Ihre Sachen nutzen", schlug Mrs. Thornton vage vor. „Ich könnte auch ohne auskommen."

Der Arzt lächelte.

„Oh, dafür brauche ich nicht so viel Platz; ich habe heutzutage nicht mehr viel Zeit."

Es rührte ihn, dass sie sich auch nur entfernt an den tragischen Tag erinnerte, als ihre Schwester gekommen war, um die Bradley-Schurke anzukündigen. Bald begann sie erneut, diesmal näher am Kern der Sache.

jetzt vornehmen musstest, macht dir nicht so viel aus ."

„Jetzt, wo ich mehr Übung habe, als ich bewältigen kann?"

Die Stimme des Arztes hatte zeitweise einen unerklärlichen Ton, der seine Frau vor vertraulichen Gesprächen zurückschreckte.

„Du bist so ein Erfolg", kämpfte sie weiter; „Und alles ist so – friedlich verlaufen."

„Es gibt zwei Verben, meine Liebe, die die meisten Menschen verwechseln: erfolgreich sein und gewinnen." Dann, als er ihr besorgtes Gesicht bemerkte, küsste er sie. „Diese Glocke läutet schon seit einer halben Stunde. Das ist ein äußeres und sichtbares Zeichen des ersten Verbs. Ich muss es beachten."

Als er sie verließ, dachte sie über seine Worte nach. Abgesehen von gelegentlichen beunruhigenden Momenten wie diesen kam ihr nie in den Sinn, dass ihre Träume, die sie sich in diesem heißen Sommer im Four Corners gemacht hatte, für sie beide nicht wahr geworden waren. Sie hatte vage geträumt und vage realisiert. Wenn sie die Karriere ihres Mannes mit der ihres Vaters oder einer anderen Karriere, die in ihrem Bekanntenkreis zum *Repertoire* gehörte , verglich, wirkte sie fair und makellos. Aber Männer waren anspruchsvolle Wesen, die selten wussten, was für sie das Beste war, und die einen Vorrat an Unzufriedenheit um sich herum trugen, aus dem sie sich ernähren konnten.

Da war ihr armer Vater. Er hatte jetzt aufgegeben; Doktor Thornton sorgte dafür, dass die Eltern seiner Frau nicht verhungerten. Ellwell war ein melancholisches Skelett, dem man auf der Straße begegnete, gebückt, mit steifem Gang in allen Gelenken, seine fleischigen Wangen waren eingefallen, als ob er nach einem schweren Fieber erkrankt wäre. Auch er war schäbig, obwohl das Taschengeld großzügig war. An schönen Morgen kroch er die Tremont Street hinunter zu einem der Hotels und faulenzte ein paar Stunden in der Bar, auf der Suche nach einem alten Bekannten. Häufig hörte der Arzt sein heiseres Husten im Flur vor seiner Praxistür, aber der alte Mann schlich mürrisch davon, wenn sich die Tür öffnete. Thornton vermutete, dass bei solchen Gelegenheiten Abflüsse auf Kosten des Zuschusses seiner Frau vorgenommen wurden. Wohin ist es sonst gegangen? Manchmal war er geneigt, diese entwürdigende Bettelei zu erwähnen, hielt sich aber immer zurück. Er würde den Charakter seiner Frau von Grund auf neu aufbauen müssen, damit sie seinen Ekel würdigen konnte, und er war sich nicht sicher, ob er sich zumindest jetzt eine so wesentliche Veränderung an ihr wünschte. Sie würde das Thema verwirren: Es schien, als würde er ihr Mitleid und ihre natürliche Zärtlichkeit zurechtweisen. Daher spielte es kaum eine Rolle, wenn das alte Wrack noch ein paar Hundert für die Freuden verschwendete, die ihm zuteil werden konnten.

Die Frau des Arztes schwankte einige Jahre lang zwischen Invalidität und angeschlagenem Gesundheitszustand und hatte sich im Ruhestand niedergelassen, bis ihre Tochter sie erneut herausholte, zunächst nach Wolf

Head, dann in die Beacon Street. Obwohl der Haushalt nur aus drei Mitgliedern bestand, galt er als teures Etablissement. Aber dem Arzt ging es angeblich gut, und seine Praxis brachte mehr ein, als er ausgab. Obwohl er den ganzen Winter über hart arbeitete, war er in den Ferienmonaten nicht untätig; Sein rehbraunes Pferd konnte man kilometerweit entlang der Küste joggen sehen. Normalerweise war es schon spät am Abend, bis man sein dunkles Gesicht und seine brennende Zigarre auf dem Weg zur Hütte sah.

Der Sommer, als seine Tochter siebzehn war, war besonders arbeitsreich gewesen. Sie hatten wie immer einen Strom von Gästen gehabt, die eine Woche oder zwei Wochen geblieben waren, und der vielbeschäftigte Arzt hatte nicht viel darauf geachtet, ob Ruby Bradley mit ihrem kleinen Sohn gekommen oder gegangen war oder ob die Cousins zweiten Grades schon angekommen waren. Das Haus war im Allgemeinen voll. Das gefiel ihm, obwohl er es vorzog, oft alleine zu speisen. Seine Tochter, die er scharfsinnig beobachtet hatte, verlangte Menschen, und der sicherere Plan war seiner Meinung nach die Menge. Sie war ein unruhiger junger Mensch, groß wie er, mit heller Haut wie ihre Mutter, dunklem Haar und nervösen, aktiven Armen.

„Sie wird immer einen Mann zur Hand haben, an dem sie ihren Egoismus ausleben kann", überlegte der Arzt unvoreingenommen. Also gab er ihr junge Männer zu essen. Der Vater und die Tochter unternahmen viel miteinander, und die Leute machten nette Bemerkungen über ihre Intimität. Diesen Sommer dachte der Arzt auf seinen langen Autofahrten an sie und musterte die jungen Männer, die auf seiner Veranda herumlungerten. Die meisten von ihnen waren Jungen im Wadenstadium, College-Jugendliche, die sich Urlaub gönnten. Der Arzt rief die Welpen an und behandelte sie nachsichtig. Andere kamen für kurze zwei Wochen ins Hotel, mittellose junge Geschäftsleute oder Anwälte, die auf der Suche nach einer geeigneten Hilfe fürs Leben waren. Solche Kandidaten wurden einer genauen Prüfung unterzogen, aber es gab noch nichts, was aktive Maßnahmen rechtfertigen würde.

Über seinen künftigen Schwiegersohn hatte er sich genau Gedanken gemacht. Zwei Jahre lang hatte er seine Tochter studiert, und nichts konnte seine Überzeugung erschüttern, dass er die einzig sichere Lösung für ein schwieriges Problem gefunden hatte – eine bestimmte Art von Ehemann. Er musste reich sein, denn Maud hatte Ellwells Abhängigkeit vom Luxus geerbt . Und er muss in der Lage sein, sich ziemlich beständig ihren Launen hinzugeben, sich gutmütig unterzuordnen und für sie alles zu erreichen, was ihr gerade beliebt.

„Sie wird sich schlecht ausdrücken wollen", war der Kommentar des Arztes. „Wenn sie versuchen würden, beides gleichzeitig zum Ausdruck zu bringen,

gäbe es Explosionen – Streit, Scheidung und Skandal – unglückliche Kinder."
Einmal sagte er einsam zu seiner Frau: „Sie ist zu klug, armes Kind. Sie redet
seit einer halben Stunde mit mir wie eine Marquise von vierzig Jahren. Wenn
das so weitergeht, muss ich ihre Großtanten domestizieren, um das zu
können." Habe ein paar Kinder im Haus.

Der begehrenswerte Ehemann musste in der Lage sein, sie sozial gut zu
positionieren, denn sie hatte bereits gezeigt, dass sie sehr darauf bedacht war,
Unterscheidungen zu treffen. Es bereitete ihrem Vater eine unheimliche
Freude, ihren jungen Roper Bradley zu sehen, als er mit seiner Mutter zu
ihrem alljährlichen Sommerbesuch kam. Sie erwähnte ihren Onkel Roper nie
und brachte dem Arzt ihr Mitgefühl zum Thema ihres Großvaters Ellwell
zum Ausdruck .

Der Arzt mochte sie trotz seiner Analyse. Mit Stolz dachte er, dass sie ein
Vollblut war und zu meisterhaften Schlägen fähig war. Doch leider! die
Gelegenheiten für meisterhafte Schläge wären so selten; inzwischen war sie
eine gefährliche, fieberhafte, nervöse, chemische Verbindung – etwas, das es
zu isolieren galt. Mit ihrem fünftägigen Enthusiasmus, ihrer Schlagfertigkeit,
ihrer Unruhe, ihrem Gespür für Kleidung würde sie faszinierend sein.

„Wenn sie nur die Richtigen faszinieren will!" Der Arzt betete. Er lächelte
grimmig über das Bild, das er von der richtigen Sorte zeichnete, die natürlich
keine sympathische Sorte war.

„Ein nachgiebiger Narr für einen Schwiegersohn, eine Art Gentleman-
Kammerdiener!" Und: „Ich vertraue darauf, dass das das Ende sein wird.
Maud als Mutter wäre grauenhaft."

Seine Tochter schenkte dem Arzt ein gewisses wissenschaftliches Interesse.
Sie berief sich sozusagen auf frühere Generationen und pervertierte deren
einfache Instinkte. Er wies seine Frau darauf hin, dass ihre Hingabe an die
Heilsarmee für einen Winter ein Rückfall in die Zeit des alten puritanischen
Pastors in seinen Tagen als Erweckungskünstler war. Diese Manifestation
würde nicht von Dauer sein, denn in ihrem Gehirn drängten sich so viele
andere Wünsche. Gerade hatte sie eine Sehnsucht nach Kunst entwickelt.
Der Arzt musste sich anstrengen, um ihre plötzliche Abreise nach Paris zu
verhindern, wo sie sich vorstellte, am Fuß einer sehr schmutzigen Treppe mit
zwei Francs pro Tag zu leben.

„Vielleicht wird sie durchbrennen", sagte der Arzt humorvoll zu seiner Frau.
„Aber sie wird nicht mit einem einfachen Mann durchbrennen: Sie wird mit
einer Idee losziehen und dann zur Haustür kommen, um zurückgebracht zu
werden."

„Ich glaube nicht, dass sie sehr rücksichtsvoll ist", deutete Mrs. Thornton an.
Maud behandelte sie zeitweise mit Toleranz. Der Arzt verstand, was das

bedeutete – ihr mangelndes Mitgefühl für das Festhalten ihrer Mutter an ihrer Familie; Überschwemmung des Thornton-Hauses mit Ellwells und ihren Angelegenheiten.

„Wenn sie nur ein paar ernsthafte Interessen verfolgen würde, nämlich Ihre, und den Platz eines Sohnes einnehmen würde", so bezog sich Mrs. Thornton auf die Jugend ihres Mannes und die damit verbundenen Opfer.

„Ich habe keine Verwendung für Ärztinnen", antwortete Thornton; „Und Maud als Krankenschwester, die Böden schrubbt, wäre absurder als Maud in einem Rettungsposten der Armee."

Für das Kunstfieber fühlte sich der Arzt jedoch in gewissem Maße verantwortlich. Er hatte dem jungen Addington Long eine gewisse Vorfahrt im Haus eingeräumt. Long war der Sohn eines alten Freundes, eines Camberton- Mannes, der sich zu Beginn seiner Karriere selbst ruiniert hatte. Doktor Thornton hatte den Jungen aus seinem schäbigen Zuhause geholt, ihn auf ein Internat geschickt und sich dann, wie er es gut versprochen hatte, in Camberton bezahlt . Der junge Bursche hatte nichts Bemerkenswertes geleistet, sondern war lediglich zu einem netten Gentleman herangewachsen, mit einer Vorliebe fürs Illustrieren, wodurch er ein paar Dollar als Taschengeld verdiente und sich angenehm in die Kreise von Camberton einreihte . Als er seinen Abschluss machte, schloss sich Dr. Thornton seinen Vorschlägen an, sein Glück als Künstler zu versuchen. So Long hatte mehrere Jahre in einem Studio in Paris verbracht und solide Arbeit geleistet. Der Arzt fühlte sich durch sein Experiment ermutigt und behandelte ihn großzügig.

Dies war nur eines von mehreren ähnlichen Experimenten, die der Arzt in jungen Jahren im Stillen durchführte. Früher als die meisten Menschen hatte er den Wunsch verspürt, andere dorthin gehen zu sehen, wo das Schicksal es ihm verboten hatte. Eine Reihe junger Ärzte, die in Berlin oder Wien studierten, und einige über das Land verstreute junge Wissenschaftler verdankten seiner Liberalität ihre Freiheit. Hier und da wählte er sein Material aus, ohne viel offensichtliches Unterscheidungsvermögen, aber es gab einen Test, den nur der Arzt kannte, einen Test, der seltsam sentimental und doch klug war.

Longs Interessen lagen außerhalb seines Fachgebiets, aber die Zärtlichkeit, die er für den Vater empfand, veranlasste ihn, diese Ausnahme zu machen. Er hatte jedoch keinen Fehler gemacht. Long hatte in Berlin und München ausgestellt und begonnen, seine Arbeiten ein wenig zu verkaufen. In der internationalen Presse wurde er bereits als vielversprechender junger amerikanischer Künstler bezeichnet. Diesen Sommer war er zu Hause und zeichnete in einem nicht weit entfernten Dorf, und am Ende des Tages saß er häufig am Esstisch des Arztes.

Der Arzt mochte ihn. Er hatte Longs erstes Bild im Salon gekauft und ihm Mäzene verschafft. Wann immer er die Gelegenheit dazu hatte, nahm er ihn mit auf seine Yacht, und je mehr er von dem jungen Mann sah, desto mehr war er bereit, auf seine Zukunft zu wetten. „Es gibt so viel Reines und Gesundes in ihm", bemerkte er zu seiner Frau. „Er hat es geschafft, dort zu leben, ohne ihren billigen Bohèmeismus anzustecken." Mrs. Thornton fühlte sich frei, Addington Longs Vertraulichkeit im Haus zu fördern. Aber er wollte keinen Schwiegersohn haben; es gäbe zwei statt einer Tragödie. Als Mrs. Thornton vorschlug, ihn im September um einen Besuch zu bitten, verschob der Arzt die Frage mit irrelevanten Ausreden; sie hatten zu viele Leute gehabt; Der September war seine Zeit zum Ausruhen; Der junge Long sollte sich an die harte Arbeit machen und nicht in einem komfortablen Häuschen herumlungern.

Eines Abends mitten im Sommer kam der Arzt später als gewöhnlich nach Hause, und erschöpft von der langen Autofahrt stieg er aus seiner Kutsche und betrat sein Grundstück am Uferweg. Der Abendwind wehte lässig über die Bucht; In der Hütte darüber wurden die Lampen angezündet. Der Arzt ging langsam und nachdenklich, bahnte sich einen Weg durch das Gebüsch und dachte vage an die Arbeit des Tages, die behandelten Fälle, die am nächsten Tag zu untersuchenden Fälle, die Routine, die er festgelegt hatte. Als sein Blick auf dem Häuschen ruhte, das in seinem kleinen Anwesen lag, das sich über mehrere Meilen der Küste erstreckte, dachte er selbstzufrieden über seinen Geschäftssinn nach, der ihn dazu gebracht hatte, Wolf Head zu entwickeln. Bisher hatte er es geschickt geschafft , und diese Angelegenheit einer Tochter, die in den nächsten fünf Jahren in eine Krise geraten würde, sollte erfolgreich gehandhabt werden. Niemand konnte das Vertrauen des Arztes genießen; Man würde von ihm keinerlei Vertraulichkeiten erwarten. Hat er jemals Zweifel an der Attraktivität seiner Karriere geäußert? Tatsächlich stellte er sich diese Frage nie. Das Schicksal hatte ihn in der Klemme gefangen; er hatte achtzehn aktive Jahre damit verbracht, dieses Laster auszufüllen. Dennoch grübelte er, wie es ein Mann am Ende eines anstrengenden Tages tun würde, und fragte sich, welche zwingende Kraft ihn über die gewohnte Runde treiben würde.

Plötzlich hörte er Stimmen auf seinem Rasen und trat instinktiv vom Kiesweg ins Gras. Es gab ein langes Murmeln einer leisen Stimme; er wunderte sich über seine eigene Intensität beim Zuhören. Etwas in der Klangfarbe der Stimme, eine unterdrückte emotionale Qualität, fiel seinem erfahrenen Ohr auf. Als das Geräusch verstummte, ging er vorsichtig an der Hecke entlang, bis er zu einer Öffnung kam, die den Blick auf den Rasen freigab. Die Stimme war die seiner Tochter, wie er vermutet hatte; Neben ihr lag die Gestalt eines Mannes in Flanellhemden, wahrscheinlich die von Long. Es war ganz einfach: Müde nach dem Tennis hatten sie sich dorthin geworfen, wo die Hecke sie vor der Abendbrise schützte, und unterhielten sich. Aber ihre Haltung hielt ihn fest; er spürte eine übermäßige Anspannung in der Luft. Dann sprach Long mit leiser, langsamer Stimme, als würde er seine Worte ordnen. Sein Gesicht war vom Arzt abgewandt und er blickte fest zu dem Mädchen auf.

„Ja", sagte er, und der Arzt meinte, er müsse weitermachen, „es ist hart für einen Mann. Sie sehen so viele Kerle, die versagt haben und die genauso gut sind wie Sie –"

„Nein, nein, nicht ganz so gut", unterbrach das Mädchen, „da ist *etwas* anderes."

„Nun, soweit Sie sehen können, sind sie genauso gut; sie haben furchtbar hart gearbeitet. Dann schließen Sie die Zähne und gehen wieder hinein, arbeiten verzweifelt vom ersten Licht bis zum letzten Piepsen, bis Ihnen der Strom ausgeht."

"Dann?" sagte sein Begleiter eifrig.

„Vielleicht kriechst du zu Lavenue's und sitzt abends dort und beobachtest die Leute, die nippen und reden, die Mädchen, die nach Hause schlendern, oder die Studenten, die ewig vergasen. Es scheint keinen Unterschied zu machen, was du dann tust, ob du gehst." Einen Monat lang ein Brot essen und sich mit den Spielenden lustig machen oder nach Hause ins Bett gehen und morgens wieder zur Arbeit gehen. Man denkt, dass die Idee eines Tages kommen wird , wenn sie fertig ist, und dass es kaum einen Sinn hat, sich damit abzumühen ein Déjeuner von einem Franken und fünfzig."

„Denkst du nicht an deine Heimat, an Amerika und an uns, die wir uns Sorgen um dich machen?"

„Es scheint so weit weg zu sein; und kümmert es dich, es sei denn, ich schlage zu?"

Das Mädchen schwieg; Ihr Gesicht war abgewandt, während sie mit seiner Antwort spielte.

„Sie wissen, dass wir das tun", wobei sie sich mit einem neutralen Plural abschirmte.

„Da ist die andere Seite", klang die Stimme des jungen Mannes beschwingter.

„Du gehst in das Atelier einiger Freunde und siehst, was sie vorhaben, bekommst Ideen und gehst mit mehr Elan nach Hause; oder es passiert etwas Gutes, ein Bild wird angenommen, ein Auftrag geht ein. Du denkst, du hast alles geschafft." Richtig, und es ist nur eine Frage von ein wenig Geduld. Es gibt ein gutes Abendessen oder einen kleinen Ausflug aufs Land – in Paris ist es in Ordnung, wissen Sie. Dann denke ich daran, mit einer Art

Repräsentanten nach Hause zu kommen, und wie ihr alle das tun werdet Seien Sie froh – jedenfalls *Sie* , *Miss Thornton?"*

Der Arzt seufzte und schlich davon.

„Die Voraussetzung für das Fieber", murmelte er.

X

Als er sein Arbeitszimmer betreten hatte , setzte er sich zum Nachdenken. Sein Mann meldete einen Patienten, aber der Arzt antwortete nicht. Plötzlich blickte er zu dem wartenden Diener auf.

„Würden Sie Mr. Long beim Verlassen sagen, dass ich mit ihm sprechen möchte?"

Dann dachte er weiter nach. Bald klopfte es und Long kam in sein Arbeitszimmer. Der Arzt deutete auf den Stuhl, den er gerade verlassen hatte, griff nach einer Schachtel Zigarren, nahm eine und zündete sie an. Long beobachtete ihn erwartungsvoll.

„Wirst du noch lange hier bleiben?" fragte der Arzt schließlich in seiner gewohnt gelassenen Art.

„Oh, ich weiß nicht viel. Ich möchte im Winter nach Paris zurückkehren, wenn –"

„Machen Sie sich darüber keine Gedanken", unterbrach ihn der Arzt hastig. „Du kannst darauf vertrauen, dass ich die Menge finde, bis du wieder auf den Beinen bist; nur", seine Stimme wurde schärfer, „du wirst hier nicht viel tun. Du solltest sofort gehen."

Der junge Mann starrte.

„Nächste Woche abfahren", fuhr der Arzt milde fort, richtete seinen Blick aber fest auf Longs Gesicht.

„Ich weiß nicht, ob ich akzeptieren kann –"

Der ältere Mann wedelte hastig mit der Hand.

„Das kannst du von mir. Ich bin schon seit vielen Jahren dein Vater."

Es entstand eine Pause. Dann errötete Long langsam. „Ich weiß nicht, ob ich das kann", sagte er schließlich. „Warum bist du so darauf bedacht, mich loszuwerden?" Nun war der Arzt an der Reihe, zu schweigen.

„Wenn du jetzt nicht gehst, wirst du wahrscheinlich für lange Zeit nicht gehen." Sein Blick blieb fest auf das Gesicht des jungen Mannes gerichtet.

„Und wenn ich einen Grund habe, hier zu bleiben?"

„Es gibt keinen stärkeren Grund als Ihren Erfolg."

„Aber es gibt – zumindest", er hielt verlegen inne – „ich habe das Gefühl, dass es das gibt, ich hoffe, dass es das gibt."

„Wissen Sie, warum ich Sie so beharrlich unterstützt habe?"

„Du warst furchtbar nett!"

„Es war nicht ganz die Schuld Ihres Vaters", unterbrach ihn der Arzt. „Vielleicht hätte ich Sie in ein Geschäft stecken lassen und Ihnen überlassen, Ihren eigenen Weg zu kämpfen. Wir alle wissen, dass diese Art von Erfahrung Männer, die erfolgreichen Männer, die geprüft und befunden werden, in der Lage macht, Belastungen zu ertragen. Ich habe Sie bisher davor bewahrt Kampf. Warum?

„Weil", fuhr der Arzt autoritär fort, „es gibt einige Männer, denen es wichtiger ist, etwas zu tun, die ein Ziel lieben, mehr als Erfolg, Ruhm, Vergnügen. Wenn sie besiegt werden, wenn sie es nie getan haben." die Chance, das Eine zu tun – vielleicht ist die Welt nicht ärmer –, es gibt viele, die ihren Platz einnehmen, aber sie sind zu Elend fähig, zu echtem Elend, wie es kein gewöhnliches Versagen jemals dem einfachen Mann bringt. Sie mögen dumm sein; Sie mögen untätig sein und sich ablenken lassen und denken, dass sie glücklicher sind, wenn sie das tun, was sich ihnen bietet, aber das stimmt nie. Sie sind elend. Solche Männer können nie lieben, außer als Zwischenspiel. Verstehen Sie mich?"

Der Arzt hielt bei dieser scharfen Frage inne; Longs Augen hatten ihn während seines langen Monologs verwundert verfolgt.

„ Du hast also gedacht--", stammelte er.

„Dass Sie so geschaffen sind", nickte der Arzt; „ein nicht domestiziertes Tier."

Ich saß lange da und grübelte über diese Idee. Der Arzt fuhr mit seiner leisen, schnellen Stimme fort.

„Du hast den Hunger und Durst nach dieser Arbeit dort drüben. Du würdest mit einer Frau spielen und sie dann aus deinem Herzen heraus auf die Straße setzen oder versuchen, dich selbst zu zähmen. Was schlimmer wäre."

„Und wenn ich nicht so sicher bin, ob ich so gebaut bin? Angenommen, ich wäre bereit, das Opfer zu bringen, wenn Sie es so nennen?"

Der Ton des Arztes wurde wieder neutral.

„Sie beziehen sich auf ein mögliches Interesse an meiner Tochter."

Longs Gesicht errötete langsam unter dem Wort „möglich".

„Ja! Zumindest vielleicht – ich habe es mir nie genau gesagt – warum fragst du eigentlich?"

„Darf ich fragen, wie weit dieses Interesse schon fortgeschritten ist?"

Der jüngere Mann erhob sich halb von seinem Stuhl.

„Wenn es überhaupt *weg gewesen wäre*", sagte er hitzig, *„hätten Sie es gewusst."*

„Ja", der Arzt zog die Augenbrauen zusammen, „das ist in Ordnung. Fühlen Sie sich nicht gestört. Wenn ich Sie nicht für einen Gentleman in einem intensiveren Sinne des Wortes als üblich halten würde, würde ich nicht reden." Dir gefällt das. Nimm eine Zigarre. Es entstand eine weitere lange Pause. Der Arzt überlegte schnell, welchen Weg er einschlagen sollte. Als er fortfuhr, benutzte er seine grobe Waffe.

„Sie sollten wissen, dass meine Tochter im Falle meines Todes sehr wenig haben wird." – Diesmal erhob sich der junge Mann ganz von seinem Platz. Der Arzt lächelte und winkte zurück. „Und nichts bis zu meinem Tod, der nicht kommen wird, während du ein junger Mann bist. Die Welt sagt, dass es mir gut geht, und das bin ich auch, aber ich werde von der Gesellschaft hoch besteuert. Ich meine, ich habe hohe Ansprüche an mein Einkommen, und Abgesehen von bestimmten Besitztümern, die anderen Menschen treuhänderisch überlassen werden müssen, und einer bescheidenen Versorgung für meine Frau und mein Kind wird es wahrscheinlich nicht viel geben. Ich erzähle Ihnen das alles, teils, weil ich Sie mag, und teils, weil ich es denke ist nur fair. Ich glaube nicht, dass Sie auf Geld aus sind. Aber Sie müssen jetzt erkennen, dass Geld einen großen Unterschied in Ihrer Karriere machen wird."

Als Long sich hastig bewegte, lächelte der Arzt.

„Ich sage nicht, dass man auf der Jagd nach einem Vermögen sein sollte, aber man sollte attraktiven Frauen ohne Vermögen aus dem Weg gehen."

Diesmal gab er Long Gelegenheit, seinen Gefühlen Luft zu machen. Als er fertig war, begann er wieder leise.

„Was Sie sagen, ähnelt auf einzigartige Weise dem, was ich selbst vor etwa neunzehn Jahren gesagt habe. Ich denke, ich werde Ihnen die Geschichte erzählen", und er fuhr fort, ihm kühl einen Überblick über sein Leben zu geben. Lange respektvoll zugehört. Abschließend sagte er: „Aber die Fälle sind nicht genau gleich."

„Bei zwei menschlichen Fällen gibt es das nie, aber das Thema ist dasselbe. Sie könnten einen anderen Kompromiss vereinbaren; es wäre ein Kompromiss."

„Ihre Schwierigkeiten waren enorm! Warum muss ich mit solchen Unglücken rechnen?"

„Sie meinen die äußeren Angelegenheiten, das Geld? Das ließe sich natürlich arrangieren. Meine Tochter bliebe übrig, ein Thema, über das ich ausführlich sprechen kann. Ihr geht es gesundheitlich einigermaßen gut, und solange ich noch lebe, um für sie zu sorgen, wird sie wahrscheinlich weitermachen." So.

Ihre Nerven sind krankhaft, ihr Egoismus ist übertrieben, ihre Ruhelosigkeit ist abnormal. Sie ist ein ziemlich brillantes Mädchen, denke ich, und für mich ein sehr liebes Mädchen. Aber ihre Karriere muss geleitet werden, sonst wird es zu einem entscheidenden Misserfolg kommen. "

„Du hast kein Vertrauen zu mir?"

„Die Größte. Es geht mir nicht nur um ihr Wohlergehen, sondern auch um Ihr Wohlergehen. Außerdem wäre sie, wenn sie normal oder langweilig wäre, keine anspruchsvolle junge Amerikanerin, dennoch eine Frau. Und als solche müssen ihre Interessen Ihren Interessen zuwiderlaufen." für immer. Sollten Sie sie heiraten, wäre ich gezwungen, ihr zuzustimmen und mich Ihnen zu widersetzen, wo auch immer Sie über die Konventionalität hinausgehen."

Plötzlich wandte sich Long mit einer dreisten Frage an seinen Peiniger.

„Deine Ehe würdest du auch unter schlechteren Bedingungen nicht als gescheitert betrachten?"

Der Arzt zuckte bei diesem Stoß zusammen, den er für legitim hielt.

Selbst mitten in seiner Loyalität gegenüber seiner Frau und seinem Kind hatte er Momente des Zweifels gehabt, als ihn diese Frage gequält hatte. Miasmatische Momente, die auch starke Männer erleben und sie bei dem Gedanken an die bloße Eigensinnigkeit des Lebens schwindelig machen. War er besser oder klüger als Roper Ellwell gewesen ? Als die Prüfung seiner lebenswichtigen Leidenschaft gekommen war , hatte er sich wie jeder andere rücksichtslose, ziellose junge Mann verhalten, wie jeder mit einer chaotischen, willenlosen Vergangenheit!

Aber dieser Versuchung hatte er gemeistert, so wie er fast alle Elemente seines Schicksals gemeistert hatte.

„Eine solche Frage kann nie fair beantwortet werden. Niemand hat die vollständigen Daten. Nein! Ich kann ehrlich gesagt *nein sagen* . Dennoch hat es mein Leben tiefgreifend verändert, das kann ich sagen."

„Warum bist du dann so pessimistisch für mich?"

„Weil", antwortete der Arzt langsam, „eine solche Ehe wie meine, eine solche Ehe wie die Ihre, eine Karriere für sich ist. Darüber hinaus gibt es *nichts* – verstehen Sie, *nichts* ."

„Liebe ist eine tolle Karriere!"

„Das ist es; aber es gibt kaum einen Mann, den ich jemals gekannt habe, der es ein Leben lang annehmen könnte, und das auch nur. Das könntest du nicht, denke ich, und du wärst unglücklich. Es ist eine bescheidene Karriere, obwohl sie reich ist." Der Mann, der gewinnt, widmet sein Leben nicht der anspruchsvollen Leidenschaft für eine neurotische Frau. Du bist der Mann, der gewinnt: Geh rein."

Der Arzt stand auf.

„Jetzt muss ich Sie verlassen, um eine Patientin zu sehen, die gewartet hat. Denken Sie – Sie lieben sie nicht, armes Kind; was wissen Sie von Liebe? Sie bringen Ihren Geist in Ordnung für die Liebe, und sie wird schnell genug kommen ."

Long starrte verantwortungslos auf den Boden. „Ich bin froh, dass wir das ohne Leidenschaft besprechen konnten. Sie haben mich nicht dazu gezwungen, grobe Autorität oder irgendeinen Einfluss außer Ihrem eigenen gesunden Urteilsvermögen anzuwenden. Wir waren unsentimentale Männer. Sie haben nichts weiter als eine Vorliebe gestanden." für ein hübsches Mädchen. Du hast dich zu nichts verpflichtet."

Der Arzt hielt inne und legte seine Hände fest auf den Tisch zwischen ihnen. Er las gespannt das Gesicht des jungen Mannes und war sich sicher, dass er seinen Standpunkt verstanden hatte.

„Jetzt geh", fuhr er freundlich fort, „und Gott sei Dank! Geh rein, um zu gewinnen!"

Er hat sich gedreht. Long erhob sich mechanisch wie auf Befehl eines Vorgesetzten, öffnete die Tür und verschwand in der dunklen Halle. Der Arzt lauschte auf das Geräusch seiner Schritte. Als er die Schritte auf dem Boden unter dem Bürofenster hörte, seufzte er und trat in den Flur hinaus. Seine Tochter stand am anderen Ende der Tür, als suche sie jemanden …

„Wo ist Mr. Long, Papa?"

"Er ist gegangen."

Die Stimme des Arztes verweilte leicht beim letzten Wort. Das Mädchen warf ihm einen scharfen Blick zu und wandte sich dann wieder in den erleuchteten Salon.

„Das Abendessen wartet, Jarvis", sagte Mrs. Thornton aus einer Lounge im Raum. „Warum haben Sie Mr. Long nicht behalten?"

Der Arzt ging zu seiner Frau und blieb einen Moment an ihrer Seite. Sie lächelte im weiteren Verhör; Der Arzt beugte sich vor und küsste sie.

„Long wollte nicht bleiben", antwortete er. Dann ging er zurück zu seinem Patienten.